NON SVRREXIT MA
D0045204
8
13
2
1
1
5
3
INDI

THE DA VINCI PROJECT

Seeking the Truth

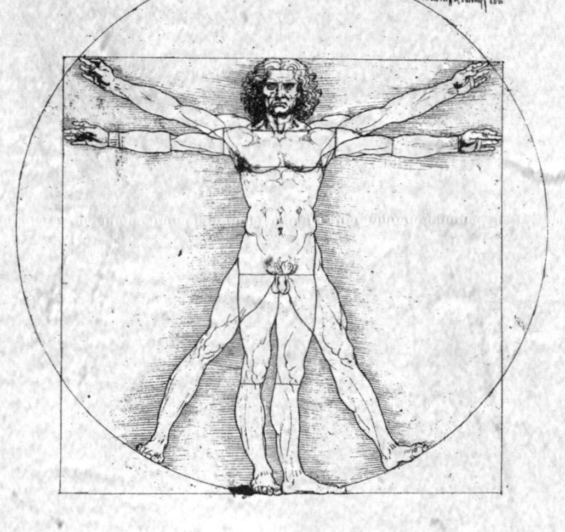

Published by Mediane srl
Project coordination: Max Serio and Paolo Gorlani for Mediane srl
Executive Producers: Irene Bellini, Paolo Gorlani, Max Serio
Artwork: Spike Ltd by Kurt & Oliver Van Dyke

Acknowledgments:
The publisher would like to thank Michael Baigent, prof. Mariano Bizzarri,
Jean Louis Cornu, Gianluigi Cruoglio, prof. Roberto Giacobbo,
Elton Latter, prof. Mario Moiraghi, Luigi Rizza, prof. Alessandro Vezzosi,
Giulio Di Martino, Paolo Gigante ed Edizioni Hera,
Piero Colasanti and Sergio Cossa of Emergency Music
and Claudio Rossi of Mediane

A very special thanks to all those who collaborated to this project.

A last thanks to Leonardo Da Vinci for his gifts to the whole of Mankind.

Catalog number: CA 12000
ISBN Code: 88-89886-04-8
Printed in China

Digiview-100 South Washington Ave. Dunellen, Nj 08812

THE DA VINCI PROJECT

Cercando la Verità

Italiano

THE DA VINCI PROJECT
CERCANDO LA VERITA'

Come mai la storia di Leonardo da Vinci scatena tanta curiosità? Libri che lo riguardano hanno venduto più di 50 milioni di copie, sono stati tradotti in oltre 40 lingue. Sono nati colossal hollywoodiani.
E' possibile che il geniale artista italiano fosse a conoscenza di misteri inconfessabili in grado di stravolgere verità millenarie?
E perché le avrebbe nascoste in un codice celato nel famoso dipinto del "Cenacolo"? Cosa c'è di vero in questa storia e cosa c'è di falso?
Stiamo per cominciare un viaggio veramente speciale dove quello che vi racconteremo non è un romanzo ma è tutto tratto da fatti storici realmente accaduti. Scopriremo come la realtà può essere più sorprendente di qualunque fantasia. Una realtà che al termine di questo viaggio ci stupirà con una rivelazione ancora sconosciuta.

Si parla di Parigi, del museo del Louvre, e della piramide di cristallo di questo stesso museo. C'è chi sostiene che i pannelli di cristallo della piramide che la compongono siano 666, come il famoso numero diabolico. Si tratta di una pura leggenda metropolitana: nel progetto originario i pannelli erano 698, oggi secondo i responsabili del Louvre sono 673.

Si parla di una setta chiamata "il Priorato di Sion". Una società segreta creata nel 1099 parallelamente all'Ordine dei Templari. Una setta realmente esistita che tra i suoi maestri avrebbe annoverato personaggi come Isaac Newton, Botticelli e Leonardo Da Vinci.
Le prove si troverebbero nella Biblioteca Nazionale di Francia, a Parigi, in un documento chiamato: "Les Dossiers Secrets" - I Dossier segreti. Collocazione bibliografica: Numero 4 - Lm1 - 249. I Dossier Secrets risultano compilati da un genealogista chiamato Henri Lobineau e con ogni probabilità furono depositati alla Bibliothequé Nationale nel 1967. Nei Dossier è effettivamente contenuto l'elenco dei gran maestri del Priorato di Sion. Inoltre vengono riportate le genealogie segrete dei discendenti dei Merovingi, la prima dinastia regale di Francia.
L'autore dei Dossier dichiarava di aver utilizzato come fonti delle antiche pergamene. Pergamene di cui però non vi è traccia alla Biblioteque Nationale. Ma chi era veramente Henri Lobineau? Un personaggio realmente esistito o semplicemente lo pseudonimo dell'abile falsificatore Pierre Plantard, un personaggio davvero particolare. Era un fervente monarchico, antisemita e appassionato di esoterismo. Durante la II Guerra Mondiale Plantard sostenne il governo collaborazionista del Maresciallo Petain. Scrisse personalmente a Petain per metterlo in guardia da ipotetiche cospirazioni giudaico-massoniche.

Per tutta risposta fu incarcerato dagli occupanti nazisti per aver fondato, senza permesso, due organizzazioni di stampo ultranazionalistico. Un rapporto di polizia lo definisce un "millantatore" che vanta inesistenti amicizie con persone importanti. Nel dopo-guerra si trasferì in Savoia ma continuò alacremente a frequentare e a fondare associazioni a carattere esoterico. Negli anni '60 Plantard si autoproclamò discendente dei Merovingi e quindi potenziale pretendente al trono di Francia. Discendenza confermata appunto dalle genealogie contenute nei Dossier Secrets. In seguito confessò le sue falsificazioni.
Ma ci sono prove ancora più divertenti sulla favola del priorato di Sion: a St. Julien, una piccola località della Savoia è possibile visitare la prefettura e visionare la richiesta di autorizzazione con cui Plantard e altri amici chiedevano il permesso di fondare l'associazione culturale chiamata Priorato di Sion. Il documento è datato 1956 ed è firmato dallo stesso Plantard. Insomma, sembra che il Priorato di Sion, la società segretissima e potentissima, i cui maestri furono Leonardo e Newton, abbia dovunto chiedere l'autorizzazione di esistere a una piccola prefettura italiana nel 1956. Ne abbiamo abbastanza per dire che la parte dei Dossier Secrets dove si parla del Priorato di Sion è falsa.

INTERVISTA AL PROF. MARIANO BIZZARRI

..."Sulle pergamene c'è poco da dire, sono state manipolate e costruite ad arte da Philippe De Cherisey, che con questo documento ha imbrogliato sia gli autori del Santo Graal sia lo stesso Plantard, perchè lui vantava la possibilità di averle copiate da degli originali che stavano in una banca londinese, ovviamente poi gli originali non sono mai usciti allo scoperto ed il trucco si è scoperto."

Dunque il moderno priorato di Sion è un'invenzione. Eppure l'Ordine dei Templari vegliava realmente su un tesoro trovato sotto il Tempio di Salomone a Gerusalemme. Un tesoro che, oltre a oro e gioielli, conteneva qualcosa di più prezioso: le prove di conoscenze antiche e segrete. Per molti studiosi si tratta di un segreto legato al Santo Graal. E' stato detto cosa sarebbe realmente il Graal e anche dove sarebbe attualmente nascosto.
Era questo il colossale segreto custodito dal Priorato di Sion: il nascondiglio del Santo Graal. Per verificare questa affermazione mozzafiato dobbiamo fare alcune tappe necessarie. Tutto ciò che emerge e che riguarda questi temi sembra avere a che fare con un luogo che non viene mai citato esplicitamente nelle ricostruzioni romanzesche fatte. Ma che invece è la pietra su cui si fondano tutte le ricostruzioni fatte. Il luogo in questione è un piccolo paesino francese vicino ai Pirenei. Il suo nome è Rennes Le Chateau. E la sua storia lascia, semplicemente, senza parole.

Berenger Sauniere è il nome del parroco che rese leggendaria la piccola cittadina di Rennes Le Chateau tra la fine del 1888 e gli inizi del 1900. Arrivato nell'anonimo paesino nel 1885, Sauniere decise di restaurare la piccola chiesa locale consacrata a Maria Maddalena.
Durante i lavori, Sauniere, trova però qualcosa di molto prezioso all'interno della chiesa. E da quel momento la sua vita cambia per sempre. Vi mostriamo in esclusiva delle immagini uniche. Quella che vedete è una pagina del diario personale dell'abate. Un documento unico per due motivi: il primo è che si tratta di un manoscritto dello stesso Sauniere, il secondo e che queste immagini registrate nel 1999 sono le ultime di questo documento che è stato trafugato dal piccolo museo di Rennes Le Chateau dove si trovava.

Cosa c'era scritto? Come vedete in un giorno ben preciso Sauniere scriveva di avere trovato qualcosa di importante. Di avere trovato un tesoro. Cosa aveva trovato? La cosa certa è che il piccolo prete dispone improvvisamente di grandi somme di denaro, si trova in breve a passare molto tempo a Parigi e parla con potenti e artisti dell'epoca, nobili e reali fanno anche centinaia di chilometri per venirlo a trovare nella sua Rennes. Sauniere fa costruire una villa, dei giardini, una balconata panoramica, una torre-biblioteca e una serra per gli animali esotici. Spende una cifra paragonabile a vari milioni di euro di oggi. Aveva trovato qualcosa di speciale durante i suoi lavori?

INTERVISTA AL PROF. MARIANO BIZZARRI

..."Ricordiamo che la storia di Rennes le Chateau comincia nel 1200 avanti Cristo con l'insediamento del popolo degli Urni, con i Celti, è una storia molto lunga! Esiste una rete di canali sotterranei ci sono delle caverne, caverne che hanno ospitato determinati riti, caverne che permettono l'accesso a determinati luoghi, diciamo così, dove era possibile consumare un certo tipo di cerimonie e il curato Boudet, amico e consigliere di Sauniere, ha scritto un libro in chiave per permettere di individuare l'accesso a questi cunicoli."

Ma le domande su Rennes sono sterminate: perché sull'ingresso della chiesa Sauniere fece scrivere: "Questo è un luogo terribile"?
Perché Sauniere passò intere giornate al Louvre, di fronte al quadro di Poussin del 1640 "Pastori d'Arcadia", che sembra raffigurare il paese di Rennes e un sarcofago con l'iscrizione "Et in Arcadia Ego"? Perché la perpetua di Sauniere, Marié Denarnaud, ripeteva sempre: "qui la gente cammina sull'oro, e non lo sa"? Perché in questo paese esiste una legge speciale per cui è vietato scavare, anche solo per piantare fiori? Perché l'acquasantiera della chiesa di Rennes è retta da un demone chiamato "Asmodèo", che nella mitologia ebraica rappresenta il guardiano del tesoro di Salomone? Perché nel mosaico sopra l'altare è raffigurata l'Ultima Cena con una donna, ai piedi del Cristo, che regge una coppa?

E' un suggerimento del legame tra Ultima Cena e Maria Maddalena? Perché le statue dei santi all'interno della piccola chiesa sono disposte in modo da formare con le loro inziali la parola Graal, se unite dalla lettera M di Maria Maddalena? Perché la le tappe della Via Crucis sono esposte seguendo un ordine inverso? Perché sempre nella Via Crucis la tavola che raffigura la deposizione di Gesù ha la luna come sfondo? Perché Sauniere fece costruire la grande torre di Magdala e, stando al diario del capomastro, vi fece nascondere una cassa nelle sue fondamenta?

Vi stiamo mostrando alcune rare immagini riprese dall'interno del cimitero di fianco alla piccola chiesa. Il cimitero infatti a seguito dei continui ingressi e di alcuni furti è stato chiuso al pubblico.
Possiamo notare due cose: la prima è la tomba di Berenge Sauniere nella sua collocazione originaria oggi infatti è stata spostata.
Ora si trova, come testimoniano queste immagini più recenti, dietro al muro del cimitero all'interno del cortile privato della chiesa, infatti a seguito della grande popolarità acquisita recentemente i visitatori hanno creato non pochi problemi se non proprio dei veri danni, come ad esempio il furto della piccola lapide in ceramica della perpetua dell'abate Sauniere la signora Marié Denarnaud. Come vedete il punto dove si trovava è vuoto ma anche in questo caso possiamo farvi vedere come era la situazione 7 anni fa quando tutto era ancora intatto. Ecco la piccola lapide trafugata. Ma un'altra cosa dobbiamo notare dall'interno di questo piccolo cimitero, dall'esterno della costruzione si nota una riga di mattoni a circa tre metri dal suolo che segue il perimetro della chiesa. Questo significava secondo antiche simbologie che in quel luogo era sepolto un re. Ma a quale re si riferirebbe questo simbolo. Non risulta che nessun sovrano sia mai stato sepolto qui. Forse secondo alcuni potrebbe trattarsi di qualche importante reliquia appartenuta forse al Re dei Re. Possibile?

INTERVISTA AL PROF. ROBERTO GIACOBBO

..."Rennes le Chateau è un luogo particolare, proprio all'ingresso del paese si trova un cartello dove è scritto : "qui non si può scavare", perchè? chi lo ha messo? Sono veramente tante le domande che nascono quasi spontanee parlando di Rennes le Chateau, come quelle che vengono in mente quando si ripercorre una leggenda ... o forse no, una storia che parla di una pastorella che non deve avere paura e questa pastorella molti l'hanno identificata in Santa Germana raffigurata in una statua proprio all'interno della chiesetta di Rennes le Chateau. Una leggenda che nasce da uno scritto che dice circa così: "pastorella non tremare perchè tutti i tuoi problemi saranno risolti quando a mezzogiorno pomi blu". Una frase criptica!
Qualcuno ha cercato di decifrarla e si è accorto che solo in alcuni momenti dell'anno, il sole entra dentro la chiesa attraverso una vetrata colorata e

la luce sfuocata, raggiunge la parete che si trova sotto alla statua di Santa Germana creando tra i tanti effetti due sfere di colore blu. C'è chi dice che proprio lì abbia scavato Berenger Sauniere per trovare quel tesoro di cui tanto si parla."

E' questo il momento di capire cosa sia il Graal secondo le ipotesi fatte di recente. Secondo alcuni il sacro Graal non sarebbe una cosa ma... una persona. E questa persona, è proprio Maria Maddalena: metaforicamente il "contenitore" del sangue di Gesù, la fonte della sua stirpe... La donna con cui Gesù avrebbe avuto dei figli e generato una discendenza di Sangue Reale. Una tesi-shock per un romanzo recente ma scritta per la prima volta nel libro "Il santo Graal" di Michael Baigent, Richard Leigh e Henry Lincoln nel 1982..

INTERVISTA AL PROF. MICHAEL BAIGENT

..."Per me la parte centrale di questa storia, è la continuazione del sangue reale, della stirpe reale che è simbolizzata nella leggenda del Santo Graal, che proviene dalla tradizione mediorientale strettamente legata alla tradizione della linea di Davide. Ma più interessante è guardare l'albero genealogico e questa sua convergenza tra la linea di Davide, per duecento anni nel sud della Francia e la genealogia di cui stiamo parlando.
Tutto il resto è secondario rispetto al punto centrale, quindi secondo me, il tutto più che un tesoro è un segreto... un mistero!"

E' possibile che a Rennes il prete Sauniere abbia trovato documenti che avvaloravano tale eresia? Cerchiamo di capire meglio come stanno le cose. La Maddalena è conosciuta come la prostituta che asciugò con i capelli i piedi di Gesù. Ma non è vero: l'accostamento tra Maria Magdalena e la prostituta redenta risale al 591 quando il Papa Gregorio Magno, in un suo sermone, identificò la peccatrice citata da Luca con Maria Maddalena. Un'identificazione che non trova alcun riscontro nei Vangeli, al punto che nel 1969 il Vaticano riconobbe ufficialmente l'errore di Gregorio Magno. Nel Nuovo Testamento la Maddalena viene nominata solo dodici volte. Le sue apparizioni sono poche ma molto significative. È l'unica donna dei Vangeli che viene identificata con una località (la città di Magdala) e non come moglie, sorella o madre di un uomo. Sembra una donna indipendente, anche economicamente. Ma soprattutto è a fianco del Cristo nei momenti più fondamentali della sua storia. Assiste sotto la croce alla morte di Gesù ed è al sepolcro dove ne scopre la resurrezione. A lei Gesù risorto compare per la prima volta ed è lei ad annunciare lo straordinario evento agli increduli apostoli. Si citano spesso e in varie fonti inoppugnabili prove storiche della relazione coniugale tra Maria Maddalena e Gesù. Quella decisiva sarebbe un passo del Vangelo Apocrifo di Filippo, che alcuni traducono così:

"E la compagna del Salvatore è Maria Maddalena. Cristo la amava più di tutti gli altri discepoli e soleva spesso baciarla sulla bocca".

INTERVISTA AL PROF. MARIO MOIRAGHI

..."Ciò che è scritto è veramente poco, perchè quel brano dal quale si trae la frase incriminata, in realtà, non riporta con chiarezza nulla di tutto ciò, tanto meno sulla bocca.
Il termine non è affatto chiaro, si parla di bacio e le lettere che rimangono hanno fatto presumere che si potesse parlare di bocca, quindi dovremmo prima di tutto discutere la realtà del testo.
Ma io direi ... si può andare più in là. Anche ammettendo che ci sia narrato un bacio sulla bocca, teniamo presente che noi dobbiamo riferirlo al tempo, ai luoghi e a culture che non sono la nostra attuale, quindi il bacio va visto in un altro contesto.
Per alcune culture il bacio sulla bocca era la ricerca di una comunica-zione spirituale, di una comunicazione di idee, di consenso, che era praticato senza che fosse motivo, anche questo, di particolare scandalo."

C'è chi sostiene che alcuni dei Vangeli che la chiesa cercò di cancellare riuscirono a sopravvivere come i rotoli del Mar Morto che furono trovati in una caverna nei pressi di Qumran.
La quasi totalità dei frammenti sono stati pubblicati o sono comunque visibili dagli studiosi. Cosa dicono dunque i manoscritti? Secondo la catalogazione ufficiale i rotoli si possono suddividere in tre grandi categorie.

Prima Categoria: Testi biblici.
A Qumran erano presenti almeno 100 copie della Bibbia. Sono stati rinvenuti quasi tutti i libri del Vecchio Testamento, manca solo quello di Esther.

Seconda Categoria: Testi apocrifi.
Versioni del Vecchio Testamento non incluse nella Bibbia attuale.

Terza Categoria: Testi comunitari.
Le regole e i riti di una comunità, commenti alla Bibbia ma anche inquietanti Testi Apocalittici che annunciano la Fine del Mondo.

C'è invece un documento ritrovato differente da tutti gli altri: è una sorta di "Mappa del Tesoro" che indicherebbe il luogo dove sono nascoste le reliquie del leggendario Tempio di Salomone.
Sul rotolo 3q15 sono indicati i nomi di 64 siti in cui sarebbero nascosti altrettanti tesori. Il punto è che molti dei nomi indicati sulla cartina si sono persi nel tempo, e ora nessuno è più in grado di orientarsi sulla mappa.

INTERVISTA AL PROF. MARIO MOIRAGHI

..."Il rapporto che c'era fra Gesù e Maria Maddalena, come è descritto nella patrologia latina e in tutti i testi dei primi padri della chiesa, è un rapporto sicuramente intenso. Gesù si rivolge a lei e a lei rivela per prima la sua resurrezione, quindi, la chiesa ha ripreso in molti tempi successivi questa immagine e l'ha allegoricamente considerata sposa di Cristo perchè ha ricevuto da Gesù, diciamo, la fecondazione del messaggio cristiano; ma non esistono testi, nemmeno della più bassa polemica anti cristiana, che abbiano mai in nessun tempo, dato luogo, dato da pensare, ad un possibile matrimonio reale fra Gesù e la Maddalena."

Chi ha deciso quali vangeli erano da considerarsi ufficiali e quali apocrifi? Esistono veramente ben 80 vangeli apocrifi?
Il Nuovo Testamento è stato "deciso a tavolino" da Costantino il Grande nel concilio di Nicea del 357. Basta questo a definire il Cristianesimo una colossale bugia?
Dunque, dopo i dossier secrets per il Priorato di Sion, anche i vangeli apocrifi immaginati a Qumran si rivelano una pura invenzione storica. In entrambi i casi, però abbiamo scoperto misteri altrettanto interessanti e inspiegati. E' ciò che succede anche quando si decide di andare a scoprire il Graal seguendo indicazioni di ipotesi recenti.
Tutto infatti sembra finire in Scozia nella piccola cappella di Rosslyn. Basta entrare in questa cappella per capire perché.
La Cappella di Rosslyn è stata costruita in soli quattro anni, tra il 1446 e il 1450, dal Conte William di Saint Clair, figura chiave di questa storia. William era un nobile legato al mondo esoterico e alla Massoneria di cui sembra fosse un alto esponente. Ma non solo: un conte di Saint Clair partecipò alla prima crociata, quella in cui nacquero i Cavalieri Templari. Catherine di St.Clair, nel 1101 sposò il fondatore dell'Ordine del Tempio e molti altri membri St.Clair furono in seguito cavalieri Templari. Forse non è un caso che proprio la parola Rosslyn, nell'antica lingua gaelica significhi: Antica Conoscenza Tramandata Di Generazione In Generazione.

Le incisioni su alcune colonne della Cappella sono sorprendenti: raffigurano piante di Aloe e di Mais. Curioso che abbelliscano e adornino una cappella di famiglia, ma ancora più curioso è che nel 1446, quando furono scolpite, in Europa queste piante non esistevano!
Testimoniano forse il viaggio che i Cavalieri Templari, in fuga dal Papa e dal Re di Francia, fecero passando per la Scozia e approdando in America prima di Cristoforo Colombo? E quale tesoro portavano con loro in questa fuga affannosa? Nella Bibbia è scritto come il monte Moriah, in tempo di guerra, fosse utilizzato come bunker per nascondere tesori e documenti importanti.

La “Mishnah” ebraica (un’opera contenuta nel Talmud) dice che la “Tenda del Convegno” era custodita nelle “cripte del tempio” con tutte le tavole di legno, i sostegni, le traverse, le colonne e gli anelli. E non solo: secondo la tradizione ebraica, reliquie leggendarie come l’Arca dell’Alleanza, l’Altare dell’incenso, il Bastone di Aronne, l’urna con la Manna e le Tavole della Legge sarebbero state nascoste in un vano segreto sul lato occidentale del Tempio, vicino al Sancta Sanctorum.
Il mistero più controverso a Rosslyn è quello della “Colonna dell’Apprendista”. La storia della sua realizzazione è un ulteriore legame con il tempio di Salamone, visto che corrisponde esattamente alla leggenda massonica di Hiram Abiff, l’architetto del Tempio di Salomone, l’uomo che uccise l’apprendista che lo aveva superato.
Nella colonna, inoltre, troviamo una raffinata raffigurazione dell'Albero della Vita biblico, contaminato però da riferimenti pagani come i draghi. Dalle loro fauci fuoriescono viti rampicanti che si estendono a spirale per tutta la sua lunghezza. Alcuni vedono in questo un legame con la mitologia nordica, secondo la quale un drago rosicchia le radici dello Yggdrasil, il grande albero cosmico che sostiene l'Universo. Secondo alcune interpretazioni di questi simboli, alcuni ricercatori suggeriscono che questa colonna possa contenere uno scrigno di piombo: il contenitore in cui sarebbe nascosto il Santo Graal, la leggendaria coppa usata da Gesù in occasione dell’Ultima Cena, e successivamente usata per raccogliere il suo sangue.

Ma le metafore non finiscono qui. Tutta la cappella presenta riferimenti a simboli, culture e religioni che col cristianesimo non hanno nulla a che fare. Il soffitto, ad esempio, presenta gigli, stelle e rose. I gigli pare fossero scolpiti anche sulle due colonne di Boaz e Jachim, nell’antico Tempio di Gerusalemme. Mentre Rose e Stelle sono la tradizionale decorazione dei templi babilonesi dedicati alla dea Ishtar e a suo figlio che risorge, Tammuz. Insomma tutto sembra rimarcare la stessa metafora: rinascere a Nuova Vita. Come se l’Ordine dei Templari, ufficialmente sciolto nel 1314 avesse voluto dire, circa 150 anni dopo: esistiamo ancora, e ancora custodiamo Il Tesoro.
Di certo c’è che tra i riferimenti ai culti babilonesi, egiziani, celtici e scandinavi, alla mistica ebraica e cristiana è difficile pensare a Rosslyn come a una semplice cappella di famiglia. Per qualcuno qui è custodito il Sacro Graal. Per altri invece il santo Graal sarebbe lo stesso corpo di Maria Maddalena sposa di Cristo, sepolto a Parigi. Trovarlo significherebbe solo conoscere la sua tomba. Sarebbe qui, nel museo del Louvre dove ci trovavamo all’inizio di questo nostro viaggio. Non tutti sanno infatti che di fronte alla piramide del Louvre esiste un’altra piramide, con la punta rivolta verso il basso. Qui sotto, riposerebbe il corpo di Maria Maddalena, in una tomba segretamente fatta costruire dal presidente francese, Francois Mitterand, frequentatore, notizia mai confermata, di misteriosi circoli occulti.

Ma ora e' arrivato il momento di parlare del genio che ha ispirato questa rievocazione: andiamo nel 1400, a conoscere Leonardo Da Vinci.

Fuggite dalle sette di ipocriti,
dalle frecce, lingue dell'invidia e dei mal pensieri,
dall'assedio della calunnia e dell'ingratitudine,
dalla ruggine dell'ignoranza,
dalla smisurata superbia dei presuntuosi,
da chi nega la ragione delle cose,
dai capricci della moda dai negromanti e dai cercatori d'oro,
dalle bugiarde dimostrazioni.

Vinci è solo un piccolo borgo ma ospita ben tre musei dedicati al genio di Leonardo. Gru, macchina volante, elicottero, mitragliera, carro armato, macchine tessitrici: dagli esperimenti, dai disegni e dagli appunti di Leonardo esplode un intero universo di visioni assolutamente straordinarie per il suo tempo. Le anticipazioni di un uomo che viveva nel futuro.

INTERVISTA AL DOTT. ALESSANDRO VEZZOSI

..."Il fatto stesso che la pittura sia per lui una sintesi così straordinaria di elementi diversi, lo fa ovviamente avvicinare alla natura, in quanto lui rivendica per il pittore l'essere universale e il poter essere creativo a similitudine della natura, che si avvicina poi alla divina necessità.
Naturalmente quando guardiamo un quadro di Leonardo, dobbiamo pensare a una sorta ...non è una contraddizione, di quadro marchingegno, come quadro di sintesi tra le cose più diverse.
Già per lui la pittura è filosofia, è scienza, è cosa mentale e in ogni quadro, come del resto in ogni pagina dei suoi manoscritti, possiamo trovare infiniti spunti di rapporti e di riferimenti."

C'è chi sospetta che tali intuizioni geniali gli derivassero da conoscenze segrete come quelle ipotizzate. Ed esisterebbero addirittura delle prove: messaggi cifrati che Leonardo avrebbe nascosto nei suoi quadri. Il più importante nella nostra inchiesta è ciò che sarebbe celato nell'affresco dell'Ultima Cena. Perché lì, si trova qualcosa che ha a che fare proprio con il Sacro Graal.

E' a Milano il punto focale del nostro viaggio. Lì, ben visibile su una parete del Refettorio di Santa Maria delle Grazie. Quella che intere generazioni di milanesi, e non solo loro, hanno considerato l'opera più bella di Leonardo. Questo convento è stato bombardato due volte e per due volte il cenacolo è miracolosamente sopravvissuto.

Pareti rase al suolo, cumuli di pietre ovunque. I corpi dei frati nel piccolo cimitero esposti e frettolosamente risotterrati, insieme a macerie, rovine e libri antichi. Per anni il cenacolo rimane cosi': esposto a sole, pioggia e vento, fino a quando il genio civile di Piacenza non lo ricopre con un telone di fortuna. Che sia sopravvissuto fino ai giorni nostri, è di per sé quasi un miracolo...
Se non miracoloso, sicuramente mozzafiato è ciò che Leonardo ha lasciato su questo muro sacro: il genio toscano ha fermato per sempre l'istante successivo a quello in cui Gesù, durante l'ultima cena, racconta agli apostoli che uno di loro lo tradirà. I dodici si interrogano l'uno con l'altro, dopo le inquietanti parole del Maestro. Chi di loro è il traditore? Chi sa qualcosa che agli altri sfugge?

Nel Vangelo di Luca, si legge:
"Ma ecco, la mano di chi mi tradisce è con me, sulla tavola".

Secondo alcune fantasie questo quadro conterrebbe la prova del matrimonio tra Gesù e Maria Maddalena: la figura alla destra di Gesù, finora considerata san Giovanni, sarebbe infatti la Maddalena, accanto al Cristo quasi come in un banchetto di nozze. E non solo: Sarebbe evidente, nel vuoto accanto a Gesù, una grande V, il simbolo del femminino sacro e una grande M tra lo sfondo e le figure: l'iniziale, ovviamente, di Maria Maddalena.
Forse le cose non stanno così. Se c'è un vero particolare che non torna è quello di questa mano. Una mano che impugna un coltello e che non si capisce bene a chi appartenga.

E se Leonardo avesse interpretato alla lettera il Vangelo di Luca, che parla espressamente di una mano, del simbolo stesso del tradimento, del pericolo nascosto? Potrebbe essere la mano l'unica parte che vediamo di Giuda? I commensali, in questo caso sarebbero quattordici e non più tredici: ci sarebbe allora posto per un'altra persona. Forse Maria Maddalena?

INTERVISTA AL PROF. ROBERTO GIACOBBO
..."No! Il volto di Maria Maddalena non può essere quello dipinto da Leonardo nell'ultima cena. Ho completato recentemente una ricerca pubblicata, e scrivo come potrebbero essere andate le cose. Prima però cerchiamo di contestualizzare la situazione di Leonardo nel corso della realizzazione di questo dipinto. Il dipinto, appunto, era stato commissionato dal responsabile del monastero di Santa Maria delle Grazie, un responsabile, un padre priore, con il quale Leonardo ha avuto anche da discutere perchè lo rimproverava di non aver ancora finito il quadro, allora Leonardo un giorno rispose in maniera piuttosto dura, lo scrive il Vasari, e disse al padre priore: "se non la finisce metterò il suo volto al posto del volto di Giuda.

Perchè? Perchè Leonardo più volte è stato trovato con le mani tra i capelli, seduto davanti al quadro, nel pensiero profondo della ricerca di una soluzione; infatti non riusciva a trovare come poter rappresentare il volto di Gesù e il volto di Giuda. Il volto di Gesù poi è riuscito a rappresentarlo creando delle elaborazioni successive tratte da quei giovani Gesù che aveva dipinto anni prima, ma il volto di Giuda non riusciva a realizzarlo, anche perchè c'era un pericolo obiettivo. A quel tempo l'unico modo per rappresentare la realtà erano i quadri, non c'erano né fotografie né televisioni, né altre immagini. Provate solo a pensare se il volto di Giuda fosse somigliato in qualunque maniera ad un uomo che viveva a quel tempo, la sua vita sarebbe stata rovinata! Allora forse Leonardo decise di rappresentarlo come nel Vangelo di Luca, come una mano appoggiata sul tavolo, una mano con un pugnale in mano, simbolo del tradimento. A questo punto ci troviamo un apostolo in più perchè i dodici apostoli sarebbero tredici, visto che Giuda sarebbe stato rappresentato solo da una mano.

Chi è la persona in più al tavolo con Gesù e chi può essere se non la madre di Gesù? Naturalmente secondo l'interpretazione di Leonardo da Vinci, quella madre che Leonardo ha sempre dipinto di fianco a Gesù, quella madre che ha messo al mondo Gesù da immacolata concezione, che lo ha accompagnato nel corso del primo miracolo delle nozze di Cana, quella madre che lo ha accompagnato lungo il monte Calvario, quella madre che è rimasta sotto la croce piangente, quella madre che lo ha preso tra le sue braccia con pietà cristiana una volta deposto, quella donna che è assunta in cielo proprio come raccontano i sacri libri.

Leonardo probabilmente ha messo di fianco a lui proprio quella donna, una madre che allo stesso Leonardo è molto mancata, perchè Leonardo, sappiamo, ha avuto un rapporto molto difficile con sua madre e allora mancava una prova definitiva.

Intanto voglio ricordare che Leonardo non ha detto di chi erano i volti di tutti gli appartenenti all'ultima cena, perchè tutto quello che noi abbiamo saputo è stato frutto di interpretazioni successive, fatte da altre persone. Quindi quando noi diciamo che quella persona è San Matteo, quella persona è San Giovanni, non sono deduzioni o scritti lasciati da Leonardo e quindi tutto può essere rimesso in discussione.

Ma allora vediamo! Leonardo ha dipinto molte volte Maria, l'ha dipinta in molti quadri, siamo andati a cercare tutti i volti disegnati da Leonardo e sappiamo che Leonardo era bravissimo a dipingere. Egli avrebbe saputo distinguere due gemelli facendoli riconoscere uno con l'altro, naturalmente è un discorso ipotetico.

Bene! Allora abbiamo visto come ha dipinto Maria e siamo stati fortunati, perchè abbiamo trovato un quadro, dove il volto di Maria e il volto della persona raffigurata nell'ultima cena, coincidono perfettamente.

Questa è una prova oggettiva! Leonardo ha dipinto Maria di fianco a Gesù in uno dei momenti più difficili della sua vita, uno di quei momenti nei quali, secondo Leonardo, probabilmente un uomo non poteva rimanere lontano dai suoi affetti più importanti e poi dobbiamo ricordare che Maria è la Madonna, una figura importantissima nella storia della cristianità. Insomma forse questa è la soluzione, questa è la donna, questo è il femminino sacro, questa è la Maria di fianco a Gesù, non una qualunque Maria Maddalena, ma... La Maria. Maria! La Madonna."

Il nostro viaggio fa pensare quanto a volte attraversare i veri misteri del nostro tempo e della nostra Storia possa regalare emozioni decisamente più intense di quelle di tanti thriller, per quanto ben scritti. La realtà, come sappiamo tutti fin troppo bene, supera sempre anche la più fervida fantasia, basta trovarla.

THE DA VINCI PROJECT

Seeking the Truth

English

THE DA VINCI PROJECT
SEEKING THE TRUTH

Why does the story of Leonardo da Vinci inspire so much curiosity? Books about him have sold more than 50 million copies, been translated into over 40 languages, and inspired Hollywood blockbusters. Is it possible that the Italian artist was a party to unnameable mysteries able to subvert ancient truths? And why would he have hidden them in a code concealed in the famous painting of the "Last Supper"? Where's the truth in this story, and where are the lies?
We are about to embark on a very special journey, and what we will reveal is not fiction, it is all based on historical fact and real events. We'll discover how reality can be more surprising than any fantasy. A reality that at the end of this journey will astound us with an as yet unknown revelation.

What exactly has been said? People talk about Paris, the Louvre museum, and the glass pyramid on its forecourt. Some maintain that it's made up of 666 glass panels, a number well-known for its satanic connections. This is pure urban myth – there were 698 panels in the original design, and according to the management of the Louvre, there are now 673.

They talk of a sect called the "Priors of Sion", a secret society created in 1099 in the shadow of the Order of Templars. There really is a sect, and among its masters it counted giants such as Isaac Newton, Botticelli and Leonardo Da Vinci. Proof can be found in Paris, at France's National Library, in a document called "Les Dossiers Secrets" - the Secret Dossiers. Biblioteque reference number: Numero 4 - Lm1 249.

The Secret Dossiers were compiled by a genealogist called Henri Lobineau and in all probability they were deposited at the National Library in 1967. In effect, the dossier contains a list of the grand masters of the Priory of Sion. It also records the secret genealogy of the descendents of the Merovingians, France's first royal dynasty. The author of the Dossiers declares that he used ancient parchments as a source. Yet there is no trace of the parchments in the National Library. But who was this Henri Lobineau, exactly? It was the pseudonym of Pierre Plantard.

In the nineteen sixties Plantard proclaimed himself to be the descendent of the Merovingians, making him potential claimant to the French throne. His pedigree was confirmed by the genealogy contained in the Secret Dossiers. He later confessed to fabricating them. But there's even more entertaining proof of the legend of the Priory of Sion – at St Julien, a small village in Savoie, visitors can go to the town hall and examine the request for authorisation Plantard and his friends completed to apply for permission to found the cultural association called the Priory of Sion. The document is dated 1956, and is signed by Plantard himself. So in the end it seems that the Priory of Sion, the intensely secret, powerful society whose masters were Leonardo and Newton, had to request the authorisation to exist from the authorities of a small Italian prefecture in 1956. Enough to allow us to say that the section of the Secret Dossiers that mentions the Priory of Sion is false.

INTERVIEW WITH PROF. MARIANO BIZZARRI

..."There's not much to say about the parchments, they were cleverly cooked up by Philippe De Cherisey, and used by him to dupe both the authors of the Holy Grail and Plantard, because he boasted of the possibility of having copied them from the originals, which were in a London bank - but obviously the originals never subsequently came to light and the deception was revealed."

Well, the modern Priory of Sion is pure invention. But the Knights Templar really did watch over a treasure found beneath the Temple of Solomon in Jerusalem. A treasure that contained, apart from gold and jewels, something even more precious – the evidence of ancient, secret knowledge. Many experts believe it concerns a secret linked to the holy grail. It revealed what the grail really was and where it is currently hidden. This was the incredible secret guarded by the Priory of Sion – the hiding place of the Holy Grail. To prove this staggering claim we have to make a few necessary visits.

Everything on this subject that emerges seems to have connections with a place that is never mentioned specifically in fictional reconstructions. But it is, as we are about to see, the rock on which all these reconstructions are founded. The place in question is a small French town near the Pyrenees. Its name is Rennes Le Chateau. And its story is quite simply astounding. Berenger Saunière is the name of the parish priest who made the small town of Rennes Le Chateau famous in the late nineteenth and early twentieth centuries. After arriving in the anonymous town in 1885, Saunière decided to renovate the small local church, dedicated to Mary Magdalen. During the work, though, Saunière found something very valuable inside the church. And from that moment his life changed for ever. We will give you an exclusive glimpse of some unique images. What you can see is a page from the priest's personal diary. It's a unique document for two reasons – firstly, it's handwritten by Saunière, and secondly these images from 1999 are the last taken of this document, which was stolen from the small museum in Rennes Le Chateau where it was held.

What was written? As you can see, Sauniere wrote on a very precise day (data in sovrimpressione). About finding something important. Finding a treasure. What had he found?
What is certain is that the little priest suddenly had a large sum of money at his disposal, and he was soon spending a lot of time in Paris, hob-nobbing with artists and the powerful of the time. Nobles and royalty travelled hundreds of kilometres to come and see him at Rennes. Saunière built a villa, gardens, a scenic gallery, a library tower and a glasshouse for exotic animals. He spent a sum equivalent to several million of today's euros. Had he found he found something truly special during the works?

INTERVIEW WITH PROF. MARIANO BIZZARRI

..."Bear in mind that the story of Rennes le Chateau began in 1200 BC with the settlement of the Beaker people, with the Celts, so it's a long story! There's a network of underground canals, there are caves, caves where certain rites were held, caves that gave access to certain places, let's say, where it was possible to carry out a certain kind of ceremony, and father Boudet, Saunières' friend and adviser, wrote a book in code to identify access to these passageways."

But questions about Rennes still abound:
Why did Saunière write "This is a terrible place" above the doorway of the church? Why did Saunière spend entire days at the Louvre, in front of Poussin's painting of 1640 called "Arcadian shepherds", which seems to depict the countryside around Rennes and a tomb with the inscription "Et in Arcadia Ego"?
Why did Saunière's housekeeper, Marié Denarnaud, always say "here the people walk on gold, and they don't know it"? Why is there a special law in this town banning digging, even just to plant flowers? Why is the holy water bowl [or benetier] in the Rennes church held up by a demon called "Asmodeus", who in Hebrew mythology is the guardian of Solomon's treasure? Why does the mosaic above the altar depict the Last Supper with a woman at Christ's feet holding out a cup?
Is it hinting at the link between the Last Supper and Mary Magdalen? Why are the statues of the saints inside the church arranged so that their initials form the word GRAAL, if joined by the letter M for Mary Magdalen? Why are the stations of the cross displayed in reverse order?
Why does the panel depicting Christ's deposition always have the moon in the background?
Why is it that at the entrance to the little church we find the holy water container [benetier] supported by the demon Asmodeus, considered by the ancients to be the guardian of the treasure in King Solomon's temple? Why did Saunière build the great Magdalen tower, and according the master mason's diary, hide a chest in its foundations?

We are showing you some rare images taken from inside the cemetery beside the little church. In fact, after constant break-ins and several burglaries the cemetery was closed to the public. We should notice two things – the first is that Berenger Saunière's tomb has been moved from its original location. Now, as these more recent pictures show, it is behind the cemetery wall inside the private courtyard of the church. In fact, its recent increasing popularity means that visitors have created more than a few problems, if not actual damage, like, for example, the theft of the little ceramic tombstone of father Saunière's housekeeper, madame Marié Denarnaud . As you can see, the spot where it used to stand is empty - but in this case, too, we can show you how things were 7 years ago when everything was still intact. Here is the little stolen headstone. But we should take note of something else in this small cemetery – outside it we can see a row of bricks about three metres from the ground, following the perimeter oif the church. According to ancient symbology this signifies that a king lies buried in this place. But what does this symbol refer to? No sovereign has ever been buried here. Some say that it may signify an important relic belonging to the king of kings. Possible?

INTERVIEW WITH PROF. ROBERTO GIACOBBO

..."Rennes le Chateau is a strange place – as soon as you approach the town there's a sign saying "No digging here". Why? Who put it up? The mention of Rennes le Chateau raises many spontaneous questions, like the ones that come to mind when a legend is repeated once again...or maybe not, a story about a shepherdess who shouldn't be afraid - many have identified this shepherdess as St Germaine, depicted by a statue inside the little church of Rennes le Chateau itself. A legend inspired by an inscription that roughly translated says: "Do not be afraid, shepherdess, because all your problems will be resolved when at midday blue apples". A cryptic message! Someone tried to decipher it, and noticed that only at certain times of year, when hazy sunlight shines into the church through a stained glass window, it covers the wall beneath the statue of St Germaine with optical effects - including blue spheres. Some say that this is exactly where Berenger Sauniere dug to find the treasure that's inspired so much talk."

Now comes the moment to find out what exactly recent theories say the Grail is. Some say the holy grail isn't something...but someone. And this someone is Mary Magdalen. She is the metaphorical "container" for Christ's blood, progenitor of his family…the woman who was the mother of Christ's children, founding the line of the royal blood. A shocking theory in a recent novel, but one put forward for the first time in the book "The Holy Grail" by Michael Baigent, Richard Leigh and Henry Lincoln in 1982.

INTERVIEW WITH PROF. MICHAEL BAIGENT

..."For me the kernel of this story is the survival of the royal blood, the royal line symbolised by the legend of the Holy Grail, which springs from a middle-eastern tradition closely tied to the tradition of the line of David.

But it's even more interesting to look at that family tree and the convergence over two hundred years of David's bloodlines with the genealogy we've been talking about in the south of France. All the rest is secondary to the main theme, so in my opinion, it's something much more than a treasure, it's a secret... a mystery!"

Is it possible that in Rennes, father Saunière found documents supporting this heresy? We'll try to make things a little clearer.

Mary Magdalen is often known as the prostitute who dried Christ's feet with her hair. But it's not true. The idea of Mary Magdalen being a prostitute dates back to 591 when in one of his sermons pope Gregory the Great identified the sinner mentioned by Luke as Mary Magdalen. This identification receives no confirmation in the gospels, and in 1969 the Vatican officially recognised Gregory the Great's mistake. In the new testament Magdalen is only mentioned twelve times. Her appearances are infrequent but very important. She is the only woman in the gospels identified with a place (the city of Magdalen) rather than as a man's wife, sister or mother. She seems to be an independent woman - economically, too. But above all she is at Christ's side at the most important moments in his story. She watches his death from the foot of the cross and discovers his resurrection from the tomb. The risen Christ appears to her first and she is the one to announce the extraordinary event to the incredulous apostles. Many incontestable historical sources mention the married relationship between Mary Magdalen and Christ. The decisive example is a passage from the Gospel of Phillip, which some translate in this way:

"And the saviour's companion is Mary Magdalen. Christ loved her more than any disciple and used to kiss her often on the mouth".

INTERVIEW WITH PROF. MARIO MOIRAGHI

..."What was written is in fact quite insignificant, because the lines the incriminating sentence was taken from don't really say anything about all that, especially kissing on "the mouth". The term isn't at all clear, people talk about kissing, and the remaining letters have made people think that it could be talking about the mouth, so first of all we should discuss the reality of the text. But I'd say...we can go further. Even if we concede that it's describing a kiss on the lips, we have to bear in mind that it's in the context of a time, place and culture that were different from our own, where the kiss is seen in another light. For some cultures the kiss on the lips was a search for spiritual communication, a communication of ideas, of consent – and this, too, was done without provoking any particular scandal."

Many maintain that some of the gospels that the church tried to obliterate managed to survive, like the Dead Sea scrolls , which were discovered in a cave near Qumran. Almost all the fragments have been published or can be consulted by researchers. So what do the manuscripts say? According to the official cataloguing, the scrolls can be divided into three general categories:

First category: Biblical texts
At least 100 copies of the bible were present at Qumran, Almost all the books of the old testament were recovered, with only the book of Esther missing.

Second category: Apocryphal texts.
Versions of the old testament not included in today's bible.

Third category: Community texts
The rules and rites of a community, and bible commentaries, but also disquieting Apocalyptic texts announcing the end of the world.

One of the documents discovered, though, is very different from all the others. It's a sort of "treasure map" that seems to indicate where the relics of the legendary Temple of Solomon are hidden. Scroll 3q15 indicated the names of 64 sites, each one a hiding place for treasure. The point is that many of the names used have been lost to time, and there is now no living person who can decipher the map.

INTERVIEW WITH PROF. MARIO MOIRAGHI
..."The relationship between Christ and Mary Magdalen, as described in Latin theology and all the texts by the first church fathers, is certainly intense. She's the first person Jesus speaks to and reveals his resurrection - so successive periods have seen the church take up this image, seeing her as an allegory for Christ's wife, because she received from Jesus, so to speak, the insemination of the Christian message - but there no texts, even from the lowest anti-Christian polemic, that have ever given rise to or caused us to think of a possible real marriage between Christ and Mary Magdalene."

So, after the Secret Dossiers for the Priory of Sion, the aprocryphal gospels written at Qumran reveal themseloves to be pure historical invention too. In both cases, though, we have discovered mysteries just as interesting and inexplicable. And that's what happens when you decide to go in search of the Grail, following the trail described by recent theories. Everything, in fact, seems to end in Scotland, in the little chapel of Rosslyn.

You'll realise why just by entering the chapel.
Rosslyn chapel was built in only four years, between 1446 and 1450, by Sir William St. Clair, a key figure in this story. William was a noble with connections to Masonry – he was an important member - and the esoteric world. But that's not all – a St. Clair took part in the first crusade, when the Knights Templar were founded. In 1101 Catherine St.Clair married the founder of the Order of the Temple, and following this many of the St Clair family became Knights Templar.
It's perhaps no coincidence that in the ancient Gaelic language the word Rosslyn itself means: Ancient Knowledge Handed Down From Generation To Generation.

The carvings on this column are surprising, as they depict Aloe and Maize plants. A curious choice to adorn and decorate a family chapel, but it's even more curious that in 1446, when they were carved, these plants didn't exist in Europe!
Do they bear witness to the journeys that the Knights Templar, fleeing the pope and the king of France, made through Scotland, making landfall in America before Christopher Columbus? And what treasure did they carry with them on this desperate flight?
In the bible it is written how in times of war mount Moriah was used as a storehouse for hiding treasure and important documents. The Hebrew "Mishnah" (a work forming part of the Talmud) says that the "Tent of Meeting" was kept in the "temple crypt" with all the wooden tables, supports, beams, columns and rings.And that's not all: according to Hebrew tradition, legendary relics like the Arc of the Covenant, the Altar of incense, the stone of Aronne, the jar of manna and the Tablet of Laws were hidden in a secret chamber in the western side of the Temple, near the Sancta Sanctorum.
Rosslyn's most controversial mystery is the "Apprentice Column", The story of its making is a further link to the temple of Solomon, given that it corresponds exactly to the masonic legend of Hiram Abiff, the architect of the temple of Solomon, the man who killed the apprentice who had surpassed him.
And on the column, we find an elegant depiction of the biblical Tree of Life, contaminated, though, by pagan references like dragons. Their mouths spew climbing vines that spiral around their whole length. Some see this as a a link with Nordic mythology, where a dragon gnaws at the roots of Yggdrasil , the great cosmic tree that supports the universe. Other researchers interpret this symbol as an indication that the column may contain a lead casket – the container that conceals the holy grail, the legendary cup used by Jesus at the last supper, and later used to collect his blood. But that's not the end of the metaphors. The whole chapel is full of references to symbols, cultures and religions that have nothing to do with Christianity.

The ceiling, for example, is covered in fleur-de-lis, stars and roses. The fleurs-de-lis were also carved on the two columns Boaz and Jachin, in the ancient temple of Jerusalem. Roses and stars are the traditional decoration of the Babylonian temples dedicated to the goddess Ishtar and her resurrected son Tammuz.
Let's now take a look at a graphic reconstruction showing the incredible resemblance between Rosslyn chapel and King Solomon's temple. In fact everything seems to depict the same metaphor – rebirth into new life. It's as if the Order of Templars, officially disbanded in 1314, had wanted to say, almost 150 years later, "we still exist, and we still guard the treasure". There's no doubt that with all the references to Babylonian, Egyptian, Celtic and Scandinavian cults, and Jewish and Christian mysticism, it's difficult to think of Rosslyn as a simple family chapel. For some, it's the resting place of the Holy Grail.
For others, though, the holy grail is the actual body of Mary Magdalen, Christ's wife, buried in Paris. Finding it means only finding her tomb. It may be here, in the Louvre, where we found ourselves at the beginning of our journey. Not everyone knows that in front of the Louvre pyramid there is another pyramid, with its apex pointing downwards. Beneath here may lie the body of Mary Magdalen, in a tomb constructed secretly by Francois Mitterand, the French president, an adept – although never confirmed – in mysterious occult circles.

But now the time has come to talk about the genius who has inspired this search – we travel back to 1400, to meet Leonardo da Vinci.

"Flee from the siege of calumny,
the arrows, the tongues dripping jealousy and malevolence,
the onslaught of calumny and ingratitude,
the rancour of ignorance,
the boundless arrogance of the conceited,
those who deny the rightness of things,
the whims of the fashion for sorcerers and alchemists,
of deceitful demonstrations."

Vinci is only a small village but it has three museums dedicated to Leonardo's genius. Cranes, a flying machine and helicopter, plastic materials, a machine gun, tank, a mechanical loom – Leonardo's experiments, designs and notes explode in an entire universe of visions that for their time were absolutely extraordinary. The predictions of a man who lived in the future.

INTERVIEW WITH DOCT. ALESSANDRO VEZZOSI

..."The very fact that the painting was for him such an extraordinary synthesis of different elements brings him closer to nature, in that he claims for the painter the role of universal being and the ability to use the creative impulse to mirror nature, which then approaches divine necessity. Naturally, when we look at one of Leonardo's paintings, we should think of a kind of - it's not a contradiction - of contrivance, of a painting that's a synthesis between very different things. For him painting is a philosophy, a science, it's a mental process and in every picture, just as in every page of his manuscripts, we can find an infinite number of hints about relationships and references."

Some suspect that his flashes of genius were the result of the secret knowledge described in theories. And in fact there is proof – coded messages that Leonardo concealed in his paintings. The most important in our investigation is what is the message concealed in the fresco of the last supper. Because it's here that we find something concerning the legend of the grail. And Milan is the focal point of our journey. Here, clearly visible on the refectory wall of Santa Maria delle Grazie. The work that entire generations of Milanese, among many others, have considered Leonardo's most beautiful. This monastery has been bombed twice and twice the last supper has miraculously survived. Walls razed to the ground, piles of rubble everywhere. The bodies of the monks in the little cemetery exposed and hurriedly reburied, together with debris, ruins and antique books. The last supper remained in this state for years – exposed to the sun, rain and wind, until Piacenza's civil engineers covered it with a makeshift canvas. That it has survived until today is a near miracle in itself...
It may not be miraculous, but what Leonardo left on this sacred wall is breathtaking: the Tuscan genius has fixed for ever the moment just after Christ, during the last supper, has told the apostles that one of them will betray him. The twelve question each other, after their master's disturbing revelation. Who among them is the traitor? Who alone among them knows the answer?

In Luke's gospel we read:
"And yet behold, the hand of the one who is to betray me is with me on the table".

According to some theories, this painting is proof of the marriage of Christ and Mary Magdalen. The figure on Christ's right, until now thought to be saint John, is in fact Magdalen, by Christ's side as if at the wedding table. And that's not all – in the space next to Christ can be seen a large V, the symbol of the sacred feminine, and a large M between the background and the figures – the initial, obviously, of Mary Magdalen.

But maybe things aren't what they seem. If there's a real detail that doesn't fit, it's this hand. A hand grasping a knife, but whose hand exactly is not made clear.

And perhaps Leonardo was simply interpreting Luke's gospel to the letter, as it expressly mentions a hand, the very symbol of betrayal, the hidden danger? Is the hand perhaps all we can see of Judas? The company in this case would be fourteen, not thirteen. Would there be room for another person? Mary Magdalen, perhaps?

INTERVIEW WITH PROF. ROBERTO GIACOBBO

..."No! Mary Magdalen's face can't be the one painted by Leonardo in his Last Supper. I recently completed some published research where I wrote how things may have been. First, though, we try to contextualise Leonardo's situation during the execution of this painting. The painting was commissioned by the head of the monastery of Santa Maria delle Grazie, a leader, a prior, with whom Leonardo also had heated discussions because he reproached him with not having finished the painting, and Vasari writes that one day Leonardo retorted rather brusquely, saying to the Prior, "se non la finisce metterò il suo volto al posto del volto di Giuda". "If you don't stp bothering me I'll replace Judas' face with yours". Why? Because Leonardo was found several times sitting in front of the painting with his head in hands, deep in a difficult mental search for a solution. In fact he had great trouble finding a way to represent the faces of Christ and Judas. He then succeeded in representing Christ's face, creating a series of portraits taken from the young Jesus he had drawn years before, but he never managed to paint Judas' face – it was also a dangerous attempt, as at that time the only way to depict reality was through paintings, there was no photography or television, or other pictures. Imagine the consequences if the face of Judas resembled in some way or another a man alive at the time – his life would be ruined! So Leonardo may have decided to depict him as he was in Luke's gospel, with one hand on the table, the other holding a dagger, the symbol of betrayal. At this point we find one apostle too many, as the twelve apostles are now thirteen, given that all we see of Judas is a hand.

Who is the extra person at the table with Jesus, who but Christ's mother? Naturally, according to Leonardo da Vinci's interpretation, it's this mother that Leonardo had always depicted at Christ's side, the mother who brought Jesus into the world through immaculate conception, who accompanied him at the first miracle of the wedding at Cana, the mother who was by his side as he climbed Calvary, the mother who remained at the foot of the cross, weeping, the mother who took him in her arms with Christian piety once he was taken down, the woman who was taken up to heaven just as described in the holy texts.

Good! Leonardo probably placed this woman by his side, a mother Leonardo himself keenly missed, because we know that Leonardo had a very difficult relationship with his mother and lacked a definitive experience. Meanwhile I'd like to point out that Leonardo never identified the faces of all those around the table at the last supper - all we have found out is the result of later interpretations by other people. So when we say that such and such is St Matthew or St John, these aren't deductions or words left behind by Leonardo, and so it can all be left open to discussion.
But let's see! Leonardo painted Mary many times, she appears in many of his works, so we went to look at all the faces Leonardo depicted, and we know that Leonardo was a skilful painter. He would have known how to distinguish twins, making them each recognisable - of course that's just a hypothetical example.
Well then! So we've seen how he painted Mary and we've been lucky, because we've found a painting where Mary's face and the face of the person depicted in the Last Supper are a perfect match. That's objective proof! Leonardo painted Mary next to Christ in one of the most difficult moments of his life, one of those times when, according to Leonardo, a man could most not stand to be distanced from those he loves. Then we should remember that Maria is the Madonna, a hugely important figure in the history of Christianity. All in all this may be the solution, this is the woman, this is the sacred feminine, this is the Maria at Christ's side, not just some Mary Magdalene, but...the Madonna. Mary! The mother of Christ!"

Our journey has told us just how experiencing the true mysteries of our times and our history can inspire much more intense excitement than any thriller, however well written. Reality, as we know, surpasses even the most ardent imagination – all we have to do is uncover it.

The Da Vinci Project

Auf Wahrheitssuche

Deutsch

THE DA VINCI PROJECT
AUF WAHRHEITSSUCHE

Woher kommt das grosse Interesse an Leonardo da Vincis Geschichte? Bücher über ihn verkauften sich mehr als 50 Millionen Mal, wurden in über 40 Sprachen übersetzt; die geborenen Hollywood-Blockbuster. Hatte der geniale italienische Künstler geheime Kenntnisse, die Jahrtausendwahrheiten verzerren konnten? Und weshalb sollte er diese in einem geheimen Code im berühmten Abendmahl-Gemälde verborgen haben? Was ist wahr an dieser Geschichte?
Wir sind am Beginn einer aufregenden Reise, wo das Erzählte keinem Roman entspringt, sondern auf wirklichen, historischen Tatsachen beruht. Wir werden sehen, dass die Realität überraschender als jede Phantasie sein kann. Die Wahrheit einer Reise an deren Ende uns eine bisher unbekannte Entdeckung erwartet.

Wir reden von Paris, dem Louvre, und der Kristallpyramide eben dieses Museums. Manche behaupten, die Anzahl seiner Glasplatten sei 666, wie die berühmte satanische Zahl. Doch das ist nur ein metropolitanes Märchen: im Originalprojekt gab es 698 Platten, heute sind e s laut den verantwortlichen Stellen des Louvre 673.
Man spricht von einer Sekte namens "Priorat von Zion". Ein im Jahre 1099 gegründeter Geheimbund ähnlich dem Templerorden.

Und eine Sekte gab es wirklich, zu deren Mitgliedern Meister wie Isaac Newton, Botticelli und Leonardo Da Vinci zählten. Der Beweis findet sich in der französischen Nationalbibliothek in Paris, in einem Dokument namens: "Les Dossiers Secrets" - die Geheimdossiers.
Bibliothekskennziffer: Nummer 4 - Lm1 249.

Die Geheimdossiers wurden von einem Genealogen namens Henri Lobineau verfasst, und höchstwahrscheinlich 1967 in die Nationalbibliothek aufgenommen. Im Dossier findet sich tatsächlich die Liste der grossen Meister des Priorats von Zion.
Darüberhinaus erfährt man vom geheimen Stammbaum der Nachfahren der Merowinger, der ersten französischen Königsdynastie. Der Verfasser der Dossiers erklärt, antike Pergamente als Quelle benutzt zu haben. Pergamente jedoch, von denen es in der Nationalbibliothek keine Spur gibt. Wer ist Henri Lobineau also wirklich?
Erklärt uns, dass der Genealoge Henry Lobineau ie existierte: hinter diesem Pseudonym verbirgt sich Pierre Plantard, eine wahrhaft aussergewöhnliche Persönlichkeit: Pierre Plantard war leidenschaftlicher Monarchist, Antisemit und begeisterter Esoteriker.

Während des zweiten Weltkriegs unterstützte er die Kollaborationsregierung Marschall Petains. Er schrieb persönlich an Petain um diesen über Hypothesen einer jüdisch-freimaurerischen Konspiration zu unterrichten. Als Antwort wurde er von den Nationalsozialistischen Besatzern verhaftet, wegen Gründung zweier ultranationalistischer Organisationen. In einem Polizeibericht wird er als "Angeber" definiert, der sich nicht-existenter Freundschaften mit bekannten Persönlichkeiten rühmt. Nach dem Kriege zieht er nach Savoien und frequentiert und gründet emsig weiter esoterische Gesellschaften.
In den 60er Jahren autoerklärt sich Plantard als Merowingernachfahre, und somit potentieller französischer Thronanwärter. Eine Nachfolge, die in den Stammbäumen der geheimen Dossiers belegt wird. Später gestand er seine Fälschungen. Doch es gibt noch unterhaltsamere Proben des Priorat von Zion-Märchens: in St Julien, einer kleinen Gemeinde in Savoien kann man die Präfektur besuchen, und den Antrag Plantards und seiner Freunde auf Erlaubnis der Gründung einer kulturellen Gesellschaft namens Priorat von Zion besichtigen. Das Dokument ist von 1956 und von Plantard unterschrieben.

Das Priorat von Zion, die enorm geheime und mächtige Gesellschaft, mit Meistern wie Newton und da Vinci, erbat die Autorisation für ihre Gründung also1956 in einer kleinen italienischen Präfektur.
Wir wissen nun genug, um den Teil des Dossiers, in dem vom Priorat von Zion die Rede ist, als falsch zu bezeichnen.

UNTERREDUNG MIT PROF. MARIANO BIZZARRI

..."Zu den Pergamenten kann man nur sagen, dass sie manipuliert und kunstvoll von Philippe De Cherisey erstellt wurden, der mit diesem Dokument sowohl die Autoren des Heiligen Gral als auch Plantard selbst betrog, denn er rühmte sich, sie von Originalen aus einer Londoner Bank kopiert zu haben. Natürlich tauchten diese Originale nie auf und der Schwindel flog auf."

Also, das moderne Priorat von Zion ist eine Erfindung. Wenngleich der Templerorden wirklich über einen Schatz wachte, der unter dem Salomonstempel in Jerusalem gefunden worden war. Ein Schatz der – ausser Gold und Juwelen – etwas sehr wertvolles barg: Zeugnisse antiken Wissens und ein Geheimnis. Ein Geheimnis, das viele Forscher mit dem Heiligen Gral in Verbindung bringen.
Hier stand, was der Gral wirklich sei, und wo er sich zur Zeit befände. Dies war das kolossale, verborgene Geheimnis des Priorats von Zion: das Versteck des heiligen Grals.
Um diese atemberaubende Erklärung zu überprüfen, müssen wir einige notwendige Schritte vollziehen.

Alles was diese Thematik betreffend auftaucht, scheint mit einem bestimmten Ort zu tun zu haben, der in den romanhaften Rekonstruktionen nie explizit genannt wird. Der jedoch der Fels ist, wie wir sehen werden, auf den sich alle Theorien gründen. Der fragliche Ort ist ein kleines französisches Dörfchen nahe den Pyrenäen. Sein Name ist Rennes Le Chateau. Und seine Geschichte lässt einen den Atem anhalten.

Berenger Sauniere hiess der Pfarrer der Rennes Le Chateau Ende der 1880er bis Anfang 1900 berühmt machte. Als er 1885 in das unbekannte Dörfchen kam, entschied Sauniere die kleine lokale Kirche zu restaurieren, die der Maria Magdalena geweiht war. Im Verlauf der Arbeiten fand Sauniere jedoch etwas sehr wertvolles im Inneren der Kirche. Und von diesem Moment an nahm sein Leben eine drastische Wendung. Wir zeigen Ihnen exklusive, einzigartige Bilder. Was Sie hier sehen, ist eine Seite aus dem persönlichen Tagebuch des Abts. Einzigartig aus zwei Gründen: zunächst weil es sich um ein Manuskript eben dieses Saunieres handelt, zweitens weil diese 1999 aufgenommenen Bilder die letzten dieses Dokumentes sind, das aus dem kleinen Museum von Rennes Le Chateau, wo es sich befand, gestohlen wurde. Und was stand dort? Wie Sie sehen schrieb Sauniere an einem bestimmten Tag (das Datum wird eingeblendet). Dass er etwas wichtiges gefunden hätte. Einen Schatz. Was hatte er gefunden?

Sicher ist, das der kleine Priester plötzlich über grosse Geldbeträge verfügte, kurz darauf viel Zeit in Paris verbrachte, mit den Mächtigen und Künstlern der Epoche sprach, und Adlige wie Könige hunderte Kilometer reisten um ihn in Rennes zu besuchen. Sauniere lässt eine Villa erbauen, Gärten anlegen, eine Aussichtsterrasse, einen Bibliotheksturm und ein Gehege für exotische Tiere. Er gibt einen Betrag aus, der mehreren Millionen heutiger Euro entspricht. Hatte er bei seinen Arbeiten etwas Besonderes gefunden?

UNTERREDUNG MIT PROF. MARIANO BIZZARRI

...“Erinnern wir uns, dass die Geschichte von Rennes le Chateau 1200 vor Christus mit der Ansiedlung des Urnenvolkes beginnt, mit den Kelten; eine lange Geschichte also! Es gibt ein unterirdisches Kanalsystem, Höhlen, in denen bestimmte Rituale abgehalten wurden, Höhlen als Eingang für bestimmte Orte, wo es zu bestimmten Zeremonien kam, und der aufmerksame Boudet, Freund und Berater Saunieres, hat ein Schlüsselwerk verfasst, dass auf die Eingänge dieser Stollen schliessen lässt.”

Warum liess Sauniere “Dies ist ein schrecklicher Ort” auf den Eingang der Kirche schreiben? Warum verbrachte Sauniere ganze Tage im Louvre, vor dem Bild von Poussin von 1640 “Schäfer Arkadiens”, das die Gegend von Rennes darzustellen scheint und einen Sarkophag mit der Aufschrift “et in arcadia ego”?

Warum sagte die Haushälterin Saunieres, Marié Denarnaud, ständig: "Hier laufen die Leute auf Gold und wissen es nicht."? Warum gibt es in dieser Gegend ein spezielles Gesetz, dass jegliches Graben untersagt, sei es auch nur um Blumen zu pflanzen? Warum gibt es auf dem Weihwasserbecken der Kirche von Rennes einen Dämon namens "Asmodeus", der in der jüdischen Mythologie den Wächter des Salomonschatzes darstellt? Warum ist auf dem Mosaik über dem Altar das letzte Abendmahl mit einer Frau zu Füssen Christus' dargestellt, die einen Kelch hält? Ist das ein Hinweis auf eine Verbindung des Abendmahls mit Maria Magdalena? Warum sind die Statuen der Heiligen in der kleinen Kirche so aufgestellt, das ihre Initialen das Wort "Gral" bilden, wenn sie mit dem "M" von Maria Magdalena verbunden werden? Warum sind die Kreuzwegsstationen in umgekehrter Reihenfolge dargestellt? Warum hat im Kreuzweg die Tafel, die die Kreuzabnahme Jesus' darstellt, den Mond im Hintergrund? Weshalb finden wir am Eingang der kleinen Kirche den Dämon Asmodeus als Weihwasserbeckenhalter, den antiken Schatzhüter des Salomontempels? Weshalb liess Sauniere den grossen Magdalenaturm erbauen, und vergrub, laut Tagebuch des Maurermeisters, eine Kassette in seinen Fundamenten? Wir zeigen Ihnen einige seltene Aufnahmen vom Friedhof neben der kleinen Kirche. Der Friedhof wurde in Folge ständigen Eindringens und verschiedener Diebstähle für die Öffentlichkeit geschlossen.
Wir bemerken zweierlei: zunächst die Gruft von Berenge Sauniere an ihrem ursprünglichen Ort, die heute in der Tat versetzt ist. Sie findet sich nun, wie diese neueren Aufnahmen zeigen, hinter der Friedhofsmauer, im Inneren des privaten Kirchhofes, da die unlängst erworbene grosse Berühmtheit zu Beschädigungen durch die vielen Besucher führte, und zu vielerlei Problemen. Z.B. der Diebstahl des kleinen Keramikgrabsteins der Haushälterin des Abtes Sauniere, der Madame Marié Denarnaud . Wie Sie sehen, ist der Ort an dem er sich befand leer, doch auch in diesem Fall können wir Ihnen die Situation von vor 7 Jahren zeigen, als alles noch intakt war. Hier der kleine gestohlene Grabstein. Eine weitere Sache fällt in diesem kleinen Friedhof auf, von ausserhalb der Konstruktion bemerkt man eine Reihe von Steinen ca. 3 Meter vom Boden der Kirchenbegrenzung entfernt. Dies bedeutet nach antiken Symbologien das Grab eines Königs. Doch auf welchen König bezieht sich das Symbol? Es findet sich kein Hinweis auf einen beerdigten König. Manche meinen dahinter könne eine wichtige Reliquie des Königs der Könige stecken. Ist das möglich?

UNTERREDUNG MIT PROF. ROBERTO GIACOBBO

..."Rennes le Chateau ist ein besonderer Ort, am Ortseingang findet sich ein Schild, auf dem steht : "Graben verboten", weshalb? wer hat es errichtet? Fast automatisch stellen sich viele Fragen, wenn man von Rennes le Chateau spricht, so als ob es sich um eine Fabel handeln würde die man im Geiste du

rechspielt ... oder auch nicht, eine Geschichte, in der es um ein Hirtenmädchen geht, dass keine Angst haben darf. In diesem Mädchen sahen viele die Heilige Germana, deren Statue genau am Eingang der kleinen Kirche von Rennes le Chateau steht. Eine Legende, die auf etwa dieses Schriftstück zurückgeht: "Hirtenmädchen fürchte dich nicht, deine Probleme werden gelöst, wenn Mittags die Früchte blau". Ein kryptischer Satz! Beim Versuch ihn zu dechiffrieren fiel auf, dass nur in manchen Momenten des Jahres das Licht durch ein farbiges Fenster fiel, und unscharf, mit allerlei Effekten, auch zwei blaue Bereiche auf die Wand wirft, unter der sich die Heilige Germana befindet. Man sagt, eben dort habe Berenger Sauniere gegraben, um den Schatz zu finden."

Dies ist der Moment um zu verstehen was der Gral nach neuesten Hypothesen eigentlich ist. Manche meinen, der heilige Gral sei keine Sache, sondern eine Person. Und bei dieser Person handelt es sich um Maria Magdalena: das metaphorische "Gefäss" des Blutes von Jesus, der Ursprung seiner Nachfahren... Die Frau mit der Jesus Kinder gehabt, und eine Nachkommenschaft königlichen Blutes gezeugt hätte. Die schockierende These eines aktuellen Buches, das erste Mal jedoch im Buch "Der heilige Gral" von Michael Baigent, Richard Leigh, und Henr Lincoln von 1982 zu finden.

UNTERREDUNG MIT PROF. MICHAEL BAIGENT

..."Für mich ist der zentrale Teil der Geschichte die Fortsetzung königlichen Blutes, vom königlichen Stamm, der in der Gralslegende symbolisiert wird, der aus der mittelorientalischen Tradition kommt und eng an die traditionelle Davidslinie gebunden ist. Noch interessanter ist es, den Stammbaum zu betrachten und die Übereinstimmung der Linie von David, über zwei Jahrhunderte im Süden Frankreichs, und der Abstammung über die wir hier reden. Alles andere kommt nach diesem zentralen Punkt, so dass ich sagen möchte, mehr noch als um einen Schatz, handelt es sich hier um ein Geheimnis...ein Rätsel!"

Hatte Sauniere in Rennes Beweise für diese Häresie gefunden? Versuchen wir besser zu verstehen.Die Magdalena ist als die Prostituierte bekannt, die mit ihren Haaren Jesus Füsse trocknete. Wahr ist: die Kombination von Maria Magdalena und der erlösten Prostituierten geht auf Papst Gregorius Magnus zurück, der 591in einer Predigt die von Lukas zitierte Sünderin als Maria Magdalena identifizierte. Eine Behauptung ohne Rückhalt in den Evangelien, die1969 vom Vatikan als Fehler anerkannt wurde. Im neuen Testament wird Magdalena nur 12 Mal erwähnt. Ihr Erwähnungen sind kurz aber bedeutsam. Die einzige Frau der Evangelien die nach einem Ort (der Stadt Magdala) benannt wird, und nicht als Ehefrau, Schwester oder Mutter eines Mannes.

Eine scheinbar unabhängige Frau, auch ökonomisch. Doch vor allem ist sie in den entscheidensten Momenten seiner Geschichte an Jesus Seite. Sie wohnt seinem Sterben unter dem Kreuz bei, und ist an seinem Grab, wo sie die Auferstehung entdeckt. Ihr erscheint der auferstandene Jesus das erste Mal, und sie verkündet dieses aussergewöhnliche Ereignis den ungläubigen Jüngern. Oft und aus verschiedenen Quellen werden unanfechtbare historische Proben der ehelichen Verbindung von Maria Magdalena und Jesus zitiert. Die wichtigste ist aus dem apokryphen Philippusevangelium: "Und die Gefährtin des Erlösers ist Maria Magdalena. Christus liebte sie mehr als alle anderen Jünger, und pflegte sie oft auf den Mund zu küssen".

UNTERREDUNG MIT PROF. MARIO MOIRAGHI

..."Geschrieben findet sich sehr wenig, denn das Stück, aus dem der beschuldigte Satz stammt, enthält in Wahrheit nichts so konkretes, schon gar nicht über den Mund. Der Begriff ist völlig uneindeutig, es handelt sich um küssen, und die verbleibenden Buchstaben haben zum Schluss geführt, dass es um den Mund gehen könnte, also müssen wir zunächst die Wahrheit des Textes diskutieren. Doch ich würde sagen... man kann weiter gehen. Auch wenn man einen Kusss auf den Mund annimmt, müssen wir Zeit, Ort und Kulturen bedenken, die sich von heute unterscheiden, und wo ein Kuss anderes bedeuten kann. Für manche Kulturen ist der Kuss auf den Mund die Suche nach spiritueller Kommunikation, eine Kommunikation der Ideen, was völlig unskandalös praktiziert wurde."

Manche behaupten, dass einige der Evangelien, die die Kirche versuchte zu vernichten, überdauerten, wie die Rollen des toten Meeres, die in einer Höhle in der Nähe von Qmran gefunden wurden. Fast in Gänze sind die Fragmente publiziert worden, oder zumindest von Gelehrten einsehbar. Was also sagen diese Manuskripte? Gemäss offizieller Katalogisierung können die Rollen in drei Hauptbereiche unterteilt werden.

Erste Kategorie: Biblische Texte
In Qmran gab es wenigstens 100 Kopien der Bibel. Fast alle Bücher des alten Testamentes wurden gefunden, nur das der Esther fehlte.

Zweite Kategorie: Apokryphe Texte
Versionen des alten Testamentes die keinen Eingang in die aktuelle Bibel fanden.

Dritte Kategorie: Gemeinschaftstexte
Regeln und Riten der Gemeinde, Bibelkommentare, aber auch verstörende apokalyptische Texte zum Weltuntergang.

Ein Dokument jedoch unterscheidet sich von den anderen: eine Art "Schatzkarte", die den Ort angibt, an dem Reliquien des legendären Salomontempels verborgen wären. In der Rolle 3q15 sind 64 weitere Schatzorte angegeben. Doch im Laufe der Zeit wurden viele der Namen vergessen, und niemand kann sich mehr nach der Karte orientieren.

UNTERREDUNG MIT PROF. MARIO MOIRAGHI

..."Die Beziehung zwischen Jesus und Maria Magdalena, wie in der lateinischen Kirchengeschichte und in allen Texten der ersten Kirchenväter beschrieben, war sicher intensiv. Jesus wendet sich an sie, und ihr enthüllt er als erster seine Auferstehung, so dass die Kirche dieses Bild oft wiederaufnahm, und sie allegorisch als Braut Jesus 'bezeichnete, da sie von Jesus, sagen wir, die Befruchtung der christlichen Botschaft empfing; doch es gibt keinerlei Texte, noch nichtmals aus tiefster antichristlicher Polemik, die je zu irgendeiner Zeit eine echte Heirat von Jesus und Maria Magdalena für denkbar halten lassen."

Jedenfalls entpuppten sich nach den geheimen Dossiers über das Priorat von Zion, auch die apokryphen Evangelien von Qmran als reine Erfindung. In beiden Fällen finden sich jedoch interessante und unerklärte Geheimnisse. Und das geschieht auch wenn man auf Grund von Hinweisen neuerer Theorien auf Gralssuche geht. Alles scheint sich in Schottland in der kleinen Kapelle von Rosslynn zu erklären. Man betritt die Kapelle und versteht, warum. Die Kapelle von Rosslynn wurde in n ur 4 Jahren, von 1446 bis1450, erbaut, von Graf William von Saint Clair, einem Adligen, Esoteriker und hoher Repräsentant der Freimaurerei. Mehr noch: ein Graf von Saint Clair nahm am ersten Kreuzzug teil, in dem die Tempelritter gegründet wurden. Catherine von St.Clair heiratete 1101 den Gründer des Ordens und weitere St.Clairs wurden später Tempelritter. Wohl kein Zufall das Rosslynn auf Gälisch bedeutet: altes Wissen, von Generation zu Generation gegeben.

Die Gravierungen dieser Säulen sind überraschend: sie stellen Aloe und Maispflanzen dar. Kurios, dass sie eine Familienkapelle schmücken, und noch kurioser, dass 1446, als sie entstanden, diese Pflanzen in Europa nicht existierten! Bezeugen sie vielleicht die Reise der Tempelritter, auf der Flucht vor dem Papst und dem König von Frankreich, über Schottland bis zur Landung in Amerika noch vor Christopher Kolumbus? Und welchen Schatz trugen sie bei sich auf dieser anstrengenden Flucht?
In der Bibel steht, wie der Berg Moriah in Kriegszeiten als Bunker zum Verstecken von Schätzen und wichtigen Dokumenten genutzt wurde. Die hebräische "Mishnah" (ein Werk aus dem Talmud) sagt, dass das "Tagungszelt" in den "Krypten des Tempels" aufbewahrt wurde, mit allen Holzplatten, den Stützen, Querbalken, Säulen und Ösen.

Mehr noch: nach jüdischer Tradition wurden legendäre Reliquien wie die Bundeslade, der Weihrauchaltar, Aarons Stab, die Urne mit Manna und die Gesetzestafeln in einem geheimen Raum auf der westlichen Seite des Tempels verborgen, nahe dem Sancta Sanctorum.

Rosslyns umstrittenstes Geheimnis ist "Die Säule des Lehrlings". Seine Geschichte ist wiederum mit dem Salomonstempel verbunden, und entspricht genau der Freimaurerlegende von Hiram Abiff, dem Architekten des Salomontempels; des Mannes der seinen Lehrling, der ihn übertraf, ermordete.
Weiter findet sich in der Säule eine raffinierte Darstellung des biblischen Lebensbaumes, jedoch von heidnischen Bezügen, wie Drachen, beschmutzt. Aus ihrem Schlund wachsen spiralförmige Reben über sie. Manche sehen darin einen Bezug zur nordischen Mythologie, nach der ein Drache an den Wurzeln des Yggdrasil nagt, des Baumes der das Universum trägt. Manche Forscher interpretieren die Symbole so, dass die Säule einen Bleikasten birgt: das Behältnis des heiligen Grals, Jesus' Kelch beim letzten Abendmahl, in dem sein Blut gesammelt wurde.
Doch es gibt noch mehr Metaphern. In der ganzen Kapelle finden sich nichtchristliche religiöse und kulturelle Symbole. An der Decke sind z.B Lilien, Sterne und Rosen. Die Lilien scheinen auch in die zwei Säule von Boaz und Jachim im Tempel von Jerusalem geschnitzt. Während Rosen und Sterne traditioneller Dekor babylonischer Tempel war, der Göttin Ishtar und ihrem auferstandenen Sohn Tammuz geweiht.
Sehen wir uns auf einer grafischen Rekonstruktion die unglaubliche Ähnlichkeit der Kapelle von Rosslyn und des Salomontempels an. Alles deutet auf die gleiche Metapher: Wiedergeburt zu neuem Leben Als wenn der 1314 aufgelöste Templerorden 150 Jahre später sagen wollte, es gibt uns noch und wir hüten noch den Schatz.
Sicher machen Bezüge zu Kulten aus Babylon, Ägypten, Kelten und Skandinavien Rosslyn zu mehr als einer Familienkapelle. Manche glauben hier den Gral verborgen.

Andere sehen in dem in Paris beerdigten Körper der Braut Christi, Maria Magdalena, den Gral. Ihn zu finden hiesse nur sein Grab zu kennen. Und zwar hier im Louvre, wo unsere Reise begann. Nicht alle wissen, dass vor der Louvre-Pyramide eine weitere Pyramide steht, mit der Spitze nach unten. Hier soll Maria Magdalenas Körper ruhen, in einem geheim vom französischen Präsidenten Francois Mitterand angelegten Grab, einem – nie offiziell bestätigten – Anhänger okkulter Zirkel.

Nun ist es an der Zeit von dem Genie zu sprechen, der dieses Gedenken inspirierte: Leonardo Da Vinci, 1400 nach Christus:

“Flieht aus den Sekten der Heuchler,
vor den Pfeilen, den Zungen des Neids und schlechter Gedanken,
vor der Belagerung der Verleumdung und dem Undank,
vor dem Rost der Ignoranz,
vor dem masslosem Hochmut der Eingebildeten,
vor denen, die den Grund der Dinge negieren,
vor den Kapriolen der Mode, den schwarzen Künsten und Goldsuchern,
vor den falschen Beweisen.”

Vinci ist nur ein kleines Dorf, beherbergt aber drei Leonardo-Museen. Kran, Flugmaschine, Helikopter, Plastik, Maschinengewehr, Panzer, Webstuhl: von Experimenten, zu Zeichnungen und Notizen Leonardos, explodiert hier ein ganzes Universum absolut aussergewöhnlicher Visionen seiner Zeit. Vorhersagen eines Mannes der in der Zukunft lebte.

UNTERREDUNG MIT DOKT. ALESSANDRO VEZZOSI

...“Die Tatsache, dass das Malen für ihn eine so ausserordentliche Synthese verschiedener Elemente war, nähert ihn offensichtlich der Natur an, in dem er im Maler das universale Sein erkannte, und die Fähigkeit so kreativ wie die Natur zu sein, die sich dann göttlichem Willen nähert. Natürlich müssen wir ,wenn wir ein Bild Leonardos betrachten, an eine Art komplizierten Mechanismus denken, was kein Widerspruch ist, wie ein Bild der Synthese der unterschiedlichsten Dinge. Schon für ihn ist Malen Philosophie, Wissenschaft, etwas Mentales in jedem Bild, wie übrigens in jeder Seite seiner Manuskripte, wo wir unendliche Beziehungen und Verweise finden.”

Manche sehen in diesen genialen Eingaben die hier angesprochenen geheimen Kenntnisse. Und es gäbe gar Beweise: Leonardo habe chiffrierte Botschaften in seinen Bilder versteckt. Die wichtigste nach unseren Forschungen wäre in der Abendmahl-Freske verborgen. Denn dort findet sich ein Bezug zum heiligen Gral. In Mailand ist der Brennpunkt unserer Reise. Dort, gut sichtbar auf einer Wand des Refektoriums der Santa Maria delle Grazie. Dem, nicht nur für Generationen von Mailändern, schönsten Werk Leonardos. Dieses Konvent wurde zwei Mal bombardiert, und zwei Mal wurde das Abendmahl auf wundersame Weise verschont. Dem Erdboden gleichgemachte Mauern, Steinhaufen überall.
Die Körper der Mönche auf dem kleinen Friedhof frei liegend, und wieder hastig verscharrt, mit Schutt, Trümmern und alten Büchern. Über Jahre blieb das Abendmahl der Sonne ausgesetzt, Wind und Regen, bis das Piacenzer Bauamt es gnädig mit einer Plane bedeckte. Das es bis in unsere Tage überdauerte ist, schon für sich genommen, ein kleines Wunder. Wenn nicht Wunder so doch atemberaubend ist das, was Leonardo auf dieser heiligen Wand hinterliess: das toskanische Genie hat auf ewig den

Moment festgehalten, nachdem Jesus den Jüngern beim Abendmahl sagte, dass einer von ihnen ihn verraten würde. Nach den beunruhigenden Worten des Meisters befragen sich die Zwölf gegenseitig. Wer ist der Verräter? Wer weiss, was die anderen nicht wissen?
Im Lukasevangelium steht: "Die Hand die mich verrät ist hier am Tisch".

Manche glauben den Beweis der Heirat von Jesus und Maria Magdalena in diesem Bild zu sehen: die Figur zu Jesus' Rechten, die man für den Heiligen Johannes hielt, wäre eben die Magdalena, neben Christus, wie beim Hochzeitsbankett. Nicht nur das: auffällig scheint, in der leeren Stelle neben Christus, ein grosses V, das heilige weibliche Symbol, und ein grosses M zwischen Hintergrund und Figuren: offensichtlich die Initialen Maria Magdalenas. Doch vielleicht stimmt das nicht. Ein Detail das wirklich nicht passt ist das der Hand. Eine Hand, die ein Messer hält, und von der man nicht versteht, zu wem sie gehört.
Und wenn Leonardo das Lukasevangelium wörtlich interpretiert hätte, das ausdrücklich von einer Hand spricht, dem Symbol, von Verrat und lauernder Gefahr? Könnte die Hand der einzige Körperteil sein, den wir von Judas sehen? Dann wären vierzehn Tischgenossen beisammen statt dreizehn: Platz also für eine weitere Person. Vielleicht Maria Magdalena?

UNTERREDUNG MIT PROF. ROBERTO GIACOBBO
..."Nein! Das Gesicht Maria Magdalenas kann nicht das von Leonardo im Abendmahl gemalte sein. Ich habe unlängst eine Forschung abgeschlossen und veröffentlicht, wo ich schreibe, wie die Dinge sich zugetragen haben könnten. Doch zunächst versuchen wir Leonardos Situation bei der Erstellung des Gemäldes einzuordnen. Das Bild war vom Leiter des Klosters Santa Maria delle Grazie bestellt, einem Verantwortlichen, einem Prior, mit dem Leonardo auch diskutieren musste, da er ihm vorwarf noch n icht fertig zu sein mit dem Bild, bis Leonardo eines Tages recht hart antwortete, wie Vasari schreibt und zum Pater Prior sagte: "wenn sie nicht aufhören setze ich ihr Gesicht an die Stelle von Judas'". Warum? Weil Leonardo manchmal mit den Händen in den Haaren, tief in Gedanken, vor dem Bild sitzend gefunden wurde, auf der Suche nach einer Lösung; er wusste nicht wie er das Gesicht von Jesus und das von Judas darstellen sollte. Schliesslich weiterentwickelte er das Gesicht von Jesus aus den jungen Jesugesichtern die er in vergangenen Jahren gemalt hatte, doch Judas Gesicht blieb unklar, auch weil es eine Gefahr gab. Zu dieser Zeit war die einzige Art die Wirklichkeit zu zeigen die durch Bilder, es gab weder Fotos, noch TV oder andere Darstellungen. Stellen Sie sich einmal vor, das Gesicht Judas hätte irgendeinem zeitgenössischen Menschen geglichen, sein Leben wäre ruiniert gewesen! So entschied Leonardo vielleicht ihn wie im Lukasevangelium zu zeigen, als Hand auf dem Tisch, eine Hand mit einem Messer, Symbol des Verrats. An diesem Punkt hätten wir einen Apostel mehr, denn die zwölf wären dreizehn, wenn Judas nur die Hand wäre.

Wer ist die weitere Person am Tisch, wer kann es sein, wenn nicht Jesu' Mutter? Natürlich nach der Interpretation Leonardo da Vincis, diese Mutter die Leonardo immer an Jesus Seite gemalt hat, die Mutter die Jesus unbefleckt zur Welt brachte, die bei seinem ersten Wunder auf der Hochzeit von Kanaan bei ihm war, die ihn auf dem Kreuzweg begleitet hat, die Mutter die weinend unter dem Kreuz blieb, die Mutter die ihn nach der Abnahme in christlicher Gnade in ihre Arme nahm, und die nach den heiligen Büchern in den Himmel aufgefahren ist. Gut, wahrscheinlich hat Leonardo zu seiner Seite eben diese Mutter gesetzt, eine Mutter, die Leonardo selbst sehr fehlte, denn er hatte eine sehr schwierige Beziehung zu seiner Mutter wie man weiss, doch fehlte der endgültige Beweis. Ich möchte daran erinnern, dass Leonorado nicht sagte zu wem die Gesichter der Teilnehmer des Abendmahles gehörten, was man darüber weiss ist aus der Interpretation anderer, späterer entstanden. Wenn wir also sagen, dieser hier ist der heilige Matthäus, dieser der heilige Johannes, so sind das keine Angaben Leonardos, und daher kann all das neu diskutiert werden. Aber schauen wir hin! Leonardo hat Maria öfter gemalt, in vielen Bildern, wir haben die Gesichter die er malte gesucht, und wissen, dass er ein grossartiger Maler war. Er hätte Zwillinge sich erkennen und unterschiedlich darstellen können, natürlich rein hypothtisch.
Gut ! Wir haben also gesehen wie er Maria gemalt hat, und wir hatten Glück, denn wir haben ein Bild gefunden, wo das Gesicht Marias und das Gesicht der Person beim Abendmahl absolut identisch sind. Das ist ein objektver Beweis! Leonardo hat Maria an Jeus' Seite gemalt, in einem der schwersten Momente seines Lebens, einer der Momente in denen, laut Leonardo, ein Mann wahrscheinlich nicht ohne seine Liebsten sein konnte, und wir müssen erinnern , dass Maria die Madonna war, eine äussertst wichtige Figur des Christentums. Jedenfalls ist das vielleicht die Lösung, das ist die Frau, das ist das heilige Femminine, das ist die Maria an Jesus Seite, nicht irgendeine Maria Magdalena, sondern: die Maria! Die Madonna."

Unsere Reise zeigt uns, dass manchmal die Begegnung mit wahren Geheimnissen unserer Zeit und Geschichte, viel intensivere Emotionen als jeder noch so gutgeschriebene Thriller beschert.

Wie wir nur zu gut wissen, übertrifft die Realität eben auch die glühendste Fantasie, man muss sie nur finden.

THE DA VINCI PROJECT

Buscando la Verdad

Español

THE DA VINCI PROJECT
BUSCANDO LA VERDAD

¿Por qué la historia de Leonardo da Vinci suscita tanta curiosidad? De los libros que se ocupan de él se vendieron más de 50 millones de ejemplares y se tradujeron en más de 40 lenguas. Dando lugar además a colosales cintas hechas en Hollywood. ¿Es posible que el genial artista italiano estuviese enterado de misterios inconfesables capaces de trastornar verdades milenarias? ¿Y por qué los habría escondido en un código oculto en el famoso cuadro del "Cenáculo"?
¿Qué es lo que hay de verdadero en el relato y lo que es falso?
Vamos a comenzar un viaje verdaderamente especial en el que todo lo que os contaremos no es ficción, sino una serie de hechos históricos realmente acaecidos. Descubriremos que la realidad puede ofrecer más sorpresas que las que nos presenta cualquier fantasía. Una realidad que al finalizar este viaje nos asombrará con una revelación desconocida todavía. Vamos a empezar dando una ojeada a lo que se ha dicho. Se habla de París, del museo del Louvre y de la Pirámide de cristal de dicho museo.
Hay quien sostiene que los paneles de vidrio que componen la pirámide son 666, como el famoso número diabólico. Es una pura leyenda metropolitana: en el proyecto original los paneles eran 698, hoy, según los responsables del Louvre, son 673.

Se habla de una secta llamada "El Priorato de Sion". Una sociedad secreta creada en 1099 en paralelo a la Orden de los Templarios. Una secta que existió realmente y que entre sus maestros habría contado con maestros como Isaac Newton, Botticelli y Leonardo da Vinci. Las pruebas de ello se encontrarían en la Biblioteca Nacional de Francia, en Paris, en un documento llamado: "Les Dossiers Secrets" – Los legajos secretos.

Resulta que los Legajos Secretos fueron compilados por un genealogista llamado Henri Lobineau y que, con toda probabilidad, fueron depositados en la Biblioteca Nacional en 1967. Efectivamente, el Legajo contiene la lista de los grandes maestros del Priorato de Sion. Además, se citan en él las genealogías secretas de los descendientes de los Merovingios, la primera dinastía real de Francia. El autor de los Legajos declaraba haberse servido de antiguos pergaminos como fuentes de información. Pero de esos pergaminos no hay traza alguna en la Biblioteca Nacional. Mas, ¿quién era en realidad Henri Lobineau? Tendría que explicarnos que el genealogista Henry Lobineau no existió nunca: tras ese pseudónimo se ocultaba Pierre Plantard, un personaje verdaderamente especial. Pierre Plantard era un monárquico ferviente, antisemita y aficionado al esoterismo. Durante la II Guerra Mundial Plantard apoyó al gobierno colaboracionista del Mariscal Petain. Escribió personalmente a Petain para ponerle en guardia contra hipotéticas conspiraciones hebreo-masónicas.Por toda respuesta se vio encarcelado por los ocupante nazis por haber fundado, sin permiso, dos organizaciones de carácter ultranacionalística.

Un informe de la policía lo define como un "jactancioso" que ostenta amistades inexistentes con personas importantes. En la posguerra se trasladó a Saboya, pero prosiguió frecuentando y fundando asociaciones de carácter esotérico.
En los años '60 Plantard se autoproclamó descendiente de los Merovingios y, por lo tanto, pretendiente potencial al trono de Francia. Descendencia confirmada precisamente por las genealogías contenidas en los Legajos Secretos. Posteriormente confesó sus falsificaciones. Pero hay aún pruebas más divertidas sobre la fábula del Priorato de Sion: en St Julien, pequeña localidad de Saboya, puede visitarse la prefectura y ver la petición de autorización con la que Plantard y otros amigos suyos solicitaban el permiso para fundar una asociación cultural llamada Priorato de Sion. La fecha del documento es 1956 y lleva la firma del mismo Plantard.

En fin, parece que el Priorato de Sion, la sociedad secreta y potentísima, cuyos maestros fueron Leonardo y Newton, tuvo que solicitar la autorización a existir a una pequeña prefectura italiana en 1956.
Nos parece suficiente para decir que la parte del Legajo Secreto en la que se habla del Priorato de Sion es falsa.

ENTREVISTA CON EL PROF. MARIANO BIZZARRI
..."Respecto a los pergaminos no hay mucho que decir, los manipuló como quiso Philippe De Cherisey, que de tal forma enredó tanto a los autores del Sacro Graal, como al mismo Plantard, porque él se jactaba de haberlos copiado de los originales que estaban depositados en un banco de Londres. Es claro que esos originales no salieron nunca a la luz y el truco se descubrió."

Entonces, el moderno priorato de Sion es una invención. Y sin embargo la Orden de los Templarios velaba realmente sobre un tesoro hallado bajo el Templo de Salomón en Jerusalén. Un tesoro que – además de oro y joyas – conservaba algo más precioso todavía: las pruebas de la cognición de cosas antiguas y secretas. Para muchos científicos se trata de un secreto ligado al Santo Graal.

Se ha dicho ¿qué es lo que realmente es el Graal? y ¿dónde está escondido actualmente? Era ese el colosal secreto custodiado por el Priorato de Sion: el escondite del Santo Graal. Para confirmar tal impresionante afirmación, tendremos que efectuar algunas etapas inidispensables.
Todo lo que sobresale y que se relaciona con estos temas parece corresponder a un lugar que no se ve nunca citado explícitamente en las reconstrucciones novelescas efectuadas. Pero que, tal y como vamos a ver, es en cambio la piedra sobre la cual se basan todas las reconstrucciones hechas. Dicho lugar es un pequeño pueblecito francés cerca de los Pirineos. Su nombre es Rennes le Chateau. Y su historia nos deja simplemente atónitos.

Berenger Sauniere es el nombre del párroco que hizo legendaria a la pequeña villa de Rennes Le Chateau entre fines del 188 y comienzos del 1900.

Llegado a ese pueblecito anónimo en 1885, Sauniere decidió restaurar la pequeña iglesia local, consagrada a Maria Magdalena. Pero durante las obras Sauniere halló algo muy precioso en el interior de la iglesia. Y desde aquel momento, su vida cambió para siempre. Les estamos mostrando en exclusiva unas imágenes únicas. La que están viendo es una página del diario personal del abate. Un documento único por dos motivos: primero porque se trata de un manuscrito del mismo Sauniere, después porque esas imágenes registradas en 1999 son las últimas de ese documento que se vio robado del pequeño museo de Rennes Le Chateau, en donde se hallaba. ¿Qué es lo que llevaba escrito?. En un día preciso (con la fecha sobreimpresa) Sauniere escribió que había hallado algo importante. Que había encontrado un tesoro. ¿Qué había encontrado?
Lo que se sabe es que el pequeño cura dispone improvisamente de grandes cantidades de dinero, que tras poco tiempo pasa largas temporadas en París y se codea con potentados y con artistas de la época. Nobles y reales hacen centenares de kilómetros para visitarle en su Rennes. Sauniere se hace construir una villa, unos jardines, una galería panorámica, una torre-biblioteca y un invernadero para animales exóticos. Gasta una cifra que puede compararse con la de varios millones de euros actuales. ¿Había hallado algo muy especial durante sus trabajos?

ENTREVISTA CON EL PROF. MARIANO BIZZARRI
..."Recordamos que la historia de Rennes Le Chateau comienza en el 1200 antes de Cristo con el asentamiento del pueblo de los urni con los celtas. ¡Es una historia muy larga! Existe una red de canales subterráneos, hay unas cuevas que albergaron ciertos ritos, cuevas que permiten el acceso a determinados lugares en los que se podían celebrar unas ceremonias especiales y el cura Boudet, amigo y consejero de Sauniere, escribió un libro en clave que permitía localizar el acceso a esas grutas".

Pero las preguntas sobre Rennes son interminables:
¿Por qué en la entrada de la iglesia Sauniere hizo escribir "Este es un lugar terrible"? ¿ Por qué Sauniere se pasó jornadas enteras en el Louvre, frente al cuadro de Poussin del 1640 "Pastores de Arcadia", que parece representar el pueblo de Rennes y un sarcófago con la inscripción "et arcadia ego? ¿Por qué la ama de llaves de Sauniere, Marie Denarnaud, repetía siempre: "aquí la gente camina sobre el oro y no lo sabe"? ¿Por qué en ese pueblo existe una ley especial en virtud de la cual queda prohibido excavar, aunque solo sea para plantar flores? ¿Por qué la pila de la iglesia de Rennes está sostenida por un demonio llamado "Asmodeo", que en la mitología hebrea representa el guardián del tesoro de Salomón?

¿Por qué en el mosaico de encima del altar está representada la Ultima Cena con una mujer, a los pies de Cristo, que sostiene una copa? ¿Es la sugerencia de un lazo entre la Ultima Cena y Maria Magdalena? ¿Por qué las estatuas de los santos en el interior de la pequeña iglesia están dispuestas de manera de formar con sus iniciales la palabra Graal, si se unen con la letra M de Maria Magdalena? ¿Por qué las etapas de la Vía Crucis están expuestas siguiendo un orden inverso? ¿Por qué en la Vía Crucis la tabla que representa la deposición de Jesús tiene en su fondo la luna? ¿Por qué a la entrada de la pequeña iglesia hallamos como sostén de la pila al diablo Asmodeo, que antiguamente estaba representado como el guardián del tesoro del templo del rey Salomón? ¿Por qué Sauniere hizo construir la gran torre de Magdala y, según el diario del capataz, ocultó una caja en sus cimientos? Les estamos mostrando algunas imágenes raras, tomadas desde el interior del cementerio adyacente a la pequeña iglesia. De hecho, debido a las visitas incesantes y a algunos robos, el cementerio se cerró al público...

Podemos advertir dos cosas: la primera es la tumba de Berenge Sauniere en su posición original. Efectivamente, hoy resulta desplazada y se halla, tal y como demuestran estas imágenes más recientes, por detrás de la pared del cementerio en el interior del patio privado de la iglesia. De hecho, debido a la enorme popularidad lograda recientemente, los visitantes crearon muchos problemas, por no decir auténticos daños, como por ejemplo el hurto de la pequeña lápida de cerámica de la ama de llaves del abate Sauniere, la señora Marié Denarnaud. Como pueden ver, el lugar en donde se encontraba está vacío, pero ello no obstante podemos hacerles ver cómo era la situación hace 7 años, cuando todo estaba intacto aún. He aquí la pequeña lápida substraida. Pero hay otra cosa que vale la pena hacer notar en el interior de este pequeño cementerio. Desde el exterior de la construcción se advierte una línea de ladrillos a unos tres metros de distancia del suelo, que sigue el perímetro de la iglesia. Según antiguas simbologías ello significaba que en aquel lugar estaba enterrado un Rey. Pero, ¿a qué Rey se refiere ese símbolo? No resulta que soberano alguno haya sido enterrado aquí. Tal vez, según la opinión de algunos, pudiera tratarse de una reliquia importante que perteneciera al REY de REYES. ¿Posible?

ENTREVISTA CON EL PROF. ROBERTO GIACOBBO

..."Rennes le Chateau es un lugar especial, entrando en el pueblo topamos con un cartel en el que reza: "aquí está prohibido excavar", ¿por qué? ¿quién lo puso? En realidad muchas son las preguntas que surgen espontáneamente al hablar de Rennes le Chateau, al igual que las que llegan a nuestra mente cuando rememoramos una leyenda ... o tal vez no, una historia que nos habla de una zagaleja que no debe tener miedo y muchos la identificaron con Santa Germana representada por una estatua en el interior de la iglesita de Rennes

le Chateau.Una leyenda que nace de un texto que dice más o menos: "no tiembles zagaleja porque todos los problemas que tienes se resolverán cuando a mediodía pomi blu". ¡Una frase críptica! Hay quien trató de descifrarla y se dio cuenta de que sólo en algunos momentos del año el sol entra en la iglesia a través de una vidriera en colores y la luz desfocada llega hasta la pared que queda debajo de la estatua de Santa Germana, creando entre muchos efectos dos esferas de color azul. También hay quien dice que fue precisamente allí donde excavó Berenger Sauniere para descubrir aquel tesoro del que hoy tanto se habla".

Este es el momento de comprender qué es lo que es el Graal, de acuerdo con las hipótesis más recientes. En opinión de algunos el sacro Graal no sería un cosa sino… una persona.

Y esa persona es precisamente María Magdalena: metafóricamente el "contenedor" de la sangre de Jesùs, la fuente de su estirpe... La mujer con la cual Jesús habría tenido hijos generando una descendencia de Sangre Real. Una tesis-shock aparecida en una novela reciente, pero escrita por vez primera en el libro "El Santo Graal" de Michael Baigent, Richard Leigh y Henry Lincoln, en 1982.

ENTREVISTA CON EL PROF. MICHAEL BAIGENT

..."Para mi la centralidad de esta historia es el perpetuarse de la sangre real, de la estirpe real que procede de la tradición mediooriental estrechamente ligada a la tradición de la línea de David.

Pero tiene mayor interés observar el árbol genealógico y su convergencia entre la línea de David, durante doscientos años en el sur de Francia y la genealogía que nos ocupa.

Todo lo demás es secundario respecto al punto central y, en mi opinión, todo ello más que un tesoro es un secreto ... ¡un misterio!"

¿Es posible que en Rennes el cura Sauniere encontrara documentos que avalorasen semejante herejía? Tratemos de comprender mejor la situación. Se conoce a menudo la Magdalena como a la prostituta que secó con sus cabellos los pies de Jesús.

Pero no es verdad: la relación entre María Magdalena y la prostituta redimida data del año 591, cuando el Papa Gregorio Magno, en uno de sus sermones, identificó a la pecadora citada por Lucas con María Magdalena. Una identificación que no halla ratificación en los Evangelios, hasta el punto en que en 1969 el Vaticano reconoció oficialmente el error de Gregorio Magno. En el Nuevo Testamento la Magdalena es nombrada doce veces nada más. Sus apariciones son pocas pero muy significativas. Es la única mujer en los Evangelios que se ve identificada con una localidad (la ciudad de Magdala) y no como la mujer, hermana o madre de un hombre.

Parece que era una mujer independiente, incluso económicamente. Pero más que nada se encuentra al lado de Jesús en los momentos más fundamentales de su historia. Bajo la cruz asiste a la muerte de Jesús y es en su sepulcro en donde descubre su resurrección. Es ella la primera a quien se presenta Jesús resucitado y ella es la que anuncia el extraordinario evento a los incrédulos apóstoles.
A menudo se citan pruebas históricas incontrastables sobre las relaciones existidas entre Jesús y la Magdalena. Una prueba decisiva estaría en el Evangelio Apócrifo de Felipe, que algunos traducen así...

"La compañera del Salvador es Maria Magdalena. El Christo la amaba mas que cualquier otro discípulo y tenia la costumbre de besarla a menudo en la boca".

ENTREVISTA CON EL PROF. MARIO MOIRAGHI
..."Lo que está escrito es realmente poco, porque aquel pasaje del que se extrae la frase en cuestión, no indica con claridad nada de eso y mucho menos en lo de la boca. El vocablo no es nada claro, se habla de beso y las letras que quedan hicieron presumir que se podía hablar de boca, por lo que ante todo tendremos que debatir lo real del texto.Pero yo diría...podemos ir más allá. Admitiendo que se haya relatado de un beso en la boca, hay que tener en cuenta que nos estamos refiriendo a un tiempo, a unos lugares y a culturas que no son la actual nuestra, por lo que el beso hay que verlo en otro contexto. Para ciertas culturas el beso en la boca representaba la búsqueda de una comunicación espiritual, de una comunicación de ideas, de asentimiento, beso que se daba sin que fuese motivo de escándalo".

Alguien asegura que ciertos Evangelios que la iglesia trató de destruir se salvaron, como los rollos de pergaminos del Mar Muerto, hallados en una caverna cerca de Qumran. Casi todos los fragmentos fueron publicados o en todo caso, están a disposición de los científicos. Entonces, ¿qué es lo que dicen los manuscritos? Según la catalogación oficial, los rollos se pueden dividir en tres grandes categorías.

Primera Categoría: Textos bíblicos
En Qmran se hallaban por lo menos 100 copias de la Bliblia. Se recobraron casi todos los libros del Viejo Testamento y faltaba únicamente el de Ester.

Segunda Categoría: Textos apócrifos.
Versiones del Viejo Testamento no incluidas en la Biblia actual.

Tercera Categoría: Textos comunitarios
Las reglas y los ritos de una comunidad, comentarios sobre la Biblia y además, inquietantes Textos Apocalípticos que anuncian el Fin del Mundo.

Hay en cambio un documento que es distinto de todos los demás: es una especie de "Mapa del Tesoro", que indica el escondite de las reliquias del legendario Templo de Salomón. En el rollo 3q15 están los nombres de 64 sitios en los que debieran hallarse otros tantos tesoros. Pero la verdad es que muchos de esos nombres se cancelaron con el tiempo y ahora no nadie puede orientarse con el mapa.

ENTREVISTA CON EL PROF. MARIO MOIRAGHI

..."La relación que existía entre Jesús y María Magdalena está descrita en la patrología latina y en todos los textos de los primeros padres de la iglesia, era sin duda una relación muy intensa. Jesús se dirige a ella y es a ella la primera a quien revela su resurrección. En tiempos sucesivos es la iglesia la que ha tomado esa imagen y la ha considerado alegóricamente como esposa porque recibió de Jesús, podríamos decir, la fecundación del mensaje Cristiano; pero no existen textos, ni siquiera de las más bajas polémicas anticristianas, que en ningún momento hayan dado lugar a pensar en un posible matrimonio real entre Jesús y la Magdalena".

Entonces, tras los archivos secretos del Priorato de Sion, también los evangelios apócrifos imaginados en Qmran se revelan como pura invención histórica. Pero en ambos casos hemos descubierto misterios asimismo interesantes e inexplicables. Es lo que ocurre también cuando se pretende ir a descubrir el Graal siguiendo las hipótesis más recientes. Efectivamente, todo parece terminar en Escocia en la pequeña capilla de Rosslyn. No hay más que entrar en esta capilla, para saber porqué.

La Capilla de Rosslyn la hizo construir en cuatro años nada más, entre 1446 y 1450, el Conde William Saint Clair, figura clave de esta narración. William era un noble ligado al mundo esotérico y a la Masonería de la que, al parecer, era un alto exponente. Pero no es solo eso: un Conde de Saint Clair participó en la primera Cruzada, aquella que vio la creación de los Caballeros Templarios. Catherine de St.Clair,se casó en 1101 con el fundador de la Orden del Templo y otros muchos miembros St.Clair fueron sucesivamente caballeros Templarios.Tal vez no sea por azar si el vocablo Rosslyn significa en la antigua lengua gaélica: Antigua Cognicion Transmitida De Generacion En Generacion.

Las incisiones en estas columnas son sorprendentes: representan plantas de Aloe y de Maíz. Lo curioso es que en 1466, cuando se esculpieron, ¡estas plantas no existían en Europa.!

¿Tal vez atestigüen el viaje que los Caballeros Templarios, huyendo del Papa y del Rey de Francia, realizaron pasando por Escocia y arribando a América antes que Cristóbal Colon? ¿Y cuál era el tesoro que llevaban consigo en aquella fuga pesarosa? En la Biblia está escrito de que modo el monte Moriah –en el tiempo de la guerra – se utilizó como bunker para ocultar

tesoros y documentos importantes. La "Mishnah" hebrea (obra contenida en el Talmud) dice que la "Tienda de la Cita" se guardaba en las "criptas del templo" con las tablas de madera, los soportes, las traviesas, las columnas y los anillos.Y no solo eso: según la tradición hebrea, reliquias legendarias tales como el Arca de la Alianza, el Altar del Incienso, el Bastón de Aronne, la urna con el Maná y las Tablas de la Ley, habrían estado escondidas en un lugar secreto en el lado occidental del Templo, cerca del Sancta Sanctorum. El misterio más controvertido en Rosslyn es el de la "Columna del Aprendiz". La historia de su realización representa una unión ulterior con el templo de Salomón, puesto que corresponde exactamente a la leyenda masónica de Hiram Abiff, el arquitecto del Templo de Salomón, el hombre que mató al aprendiz que lo había sobrepujado. En la columna encontramos además una refinada representación del Arbol de la Vida bíblico, pero contaminada por referencias paganas, como la de los dragones. De sus fauces asoman vides trepadoras que se extienden en espiral por toda su longitud. Hay quien ve en ello una unión con la mitología nórdica, en virtud de la cual un dragón roe las raices del Yggdrasil, el gran árbol cósmico que sostiene el universo. Según ciertas interpretaciones de estos símbolos, algunos investigadores sugieren que esta columna podría contener un cofre de plomo: el contenedor que aloja el Santo Graal, la copa legendaria usada por Jesús durante la Ultima Cena y empleada sucesivamente para recoger su sangre.
Pero las metáforas no se acaban aquí. Toda la capilla expone referencias a símbolos, culturas y religiones que no tienen nada que ver con el cristianismo. El techo, por ejemplo, presenta lirios, estrellas y rosas.
Parece que los lirios fueron esculpidos también en las dos columnas de Boaz y Jachim, en el antiguo Templo de Jerusalén, en tanto que la rosas y las estrellas son decoraciones tradicionales de los templos babiloneses dedicados a la diosa Ishtar y a su hijo que resurge, Tammuz.
Veamos ahora mediante una reconstrucción gráfica, la increíble semejanza entre la capilla de Rosslyn y el Templo del Rey Salomón. En resumen, todo parece remarcar la misma metáfora: renacer a una Nueva Vida.
Como si la Orden de los Templarios, disuelta oficialmente en el 1314 hubiese querido decir: existimos aún y aún guardamos el Tesoro.

Lo cierto es que entre referencias a cultos babiloneses, egipcios, celtas y escandínavos y a la mística hebrea y cristiana es difícil pensar que Rosslyn sea una simple capilla de familia. Para algunos aquí está custodiado el Sacro Graal. Para otros, en cambio, el santo Graal sería el cuerpo mismo de María Magdalena, esposa de Cristo, sepultado en París. Hallarlo no significaría más que conocer su tumba. Estaría aquí, en el Louvre, donde nos hallábamos al comienzo de nuestro viaje. Efectivamente, no todos saben que en frente de la pirámide del Louvre hay otra pirámide, con la punta vuelta hacia abajo.

Aquí debajo, reposaría el cuerpo de María Magdalena, en una tumba hecha construir por el presidente francés François Mitterand, frecuentador habitual – noticia nunca confirmada – de misteriosos círculos ocultos.

Pero llegó el momento de hablar del genio que inspiró esta conmemoración: vamos al 1400, a conocer a Leonardo Da Vinci.

"Huíd del asedio de la calumnia,
de las flechas, lenguas de la envidia
y de los malos pensamientos,
del asedio de la calumnia y de la ingratitud,
del orín de la ignorancia,
de la desmesurada soberbia de los presuntuosos,
de quien niega la razón de las cosas,
de los caprichos de la moda, de los nigromantes
y de los buscadores de oro,
de las demostraciones embusteras.

Vinci no es más que pequeño burgo, pero aloja tres museos dedicados al genio de Leonardo. Grúa, máquina volante, helicóptero, materiales de plástico, ametralladora, tanque, máquinas tejedoras: de los experimentos, de los dibujos y de los apuntes de Leonardo estalla todo un universo de visiones completamente extraordinarias para su tiempo. Las anticipaciones de un hombre que vivía en el futuro.

ENTREVISTA CON EL DOCT. ALESSANDRO VEZZOSI

..."El hecho mismo de que la pintura sea para él una síntesis tan extraordinaria de elementos distintos, hace que sea natural acercarle a la naturaleza, puesto que reivindica para el pintor su ser universal universal y el poder de ser creativo a semejanza de la naturaleza, que se acerca después a la divina necesidad.

Naturalmente cuando vemos un cuadro de Leonardo tenemos que pensar en una especie de ...no se trata de una contradicción, cuadro muy complicado, como un cuadro de una síntesis entre las cosas más diversas. Para él la pintura es filosofía, ciencia, algo mental y en cada cuadro, al igual que como en cada página de sus manuscritos, podemos hallar muchísimos motivos de relación y referencias".

Hay quien sospecha que tales intuiciones geniales derivasen de cogniciones secretas como las que hemos supuesto. Y de ello hasta existirían las pruebas: mensajes cifrados que Leonardo habría ocultado en sus cuadros. El más importante en nuestra encuesta es el que estaría velado en el fresco de la Ultima Cena. Porque allí hay algo que tiene que ver con el Sacro Graal.

Está en Milán el meollo de nuestro viaje. Allí, bien visible en una pared del Refectorio de Santa Maria delle Grazie. Aquella que enteras generaciones de milaneses, y no solo de ellos, han considerado como la obra más bella de Leonardo. Ese convento fue bombardeado dos veces y por dos veces el cenáculo se salvó milagrosamente.
Paredes a ras de suelo, cúmulos de piedras por doquier. Los cuerpos de los frailes expuestos en el pequeño cementerio y vueltos a enterrar apresuradamente, junto a detritos, ruinas y libros antiguos. Durante años el cenáculo se quedó así: expuesto al sol, a la lluvia y al viento, hasta que el cuerpo municipal de Piacenza lo cubrió con un telón cualquiera. Que se haya salvado hasta nuestros días es – por decirlo así – casi un milagro... Si no es milagroso, no hay duda de que es extraordinario lo que Leonardo nos dejó en esta pared sagrada: el genio toscano detuvo para siempre el instante sucesivo a aquel en que Jesús, durante la última cena, dice a los apóstoles que uno de ellos le traicionará. Los doce se interrogan entre sí tras oir las palabras del Maestro. ¿Quién es de ellos el traidor? ¿Quién es el que sabe algo que no saben los demás?

En el Evangelio de Lucas se lee:
"Pero he aquí que la mano que me traiciona, está conmigo, en la mesa".

Según alguna teoría fantástica, este cuadro contiene la prueba del matrimonio entre Jesús y María Magdalena: la figura a la derecha de Jesús, considerada hasta ahora como la de San Juan, es efectivamente la Magdalena, al lado de Cristo casi como en un banquete de bodas.
Y no es solo eso: resulta evidente en el vacío cerca de Jesús, una gran V, símbolo de lo femenino sagrado y una gran M entre el fondo y las figuras: la inicial, obviamente, de María Magdalena. Puede ser que las cosas no sean así. Si hay un detalle que no va es el de esta Mano.Una mano que empuña un cuchillo y que no se entiende bien a quien pertenece.
¿Y si Leonardo hubiese interpretado al pie de la letra el Evangelio de Lucas, en el que se habla expresamente de una mano, del símbolo mismo de la traición, del peligro oculto? ¿Pudiera ser la mano la única parte que vemos de Judas? En tal caso los comensales serían catorce y no trece: habría entonces sitio para otra persona.
¿Tal vez María Magdalena?

ENTREVISTA CON EL PROF. ROBERTO GIACOBBO

..."No! El rostro de María Magdalena no puede ser ese pintado por Leonardo en la última cena. He completado recientemente una investigación, publicada ya, en la que describo el modo en que pudieran haber ido las cosas. Pero antes tratemos de ver el contexto de la situación de Leonardo durante la realización de ese cuadro.

El cuadro había sido encargado por el responsable del monasterio de Santa Maria delle Grazie, un responsable, un padre prior, con quien Leonardo mantuvo algunas discusiones porque el padre le reprochaba el no haber concluido el cuadro antes. Un día Leonardo le contestó de forma un tanto dura, como escribe Vasari,y le dijo al padre prior: "si no acaba ya con sus monsergas pondré su cara en lugar de la cara de Judas". ¿Por que? Porque se le había visto varias veces a Leonardo con las manos entre sus cabellos, sentado ante el cuadro, sumido en sus pensamientos más profundos en búsqueda de una solución; de hecho no lograba hallar el modo de poder representarla cara de Jesús y la de Judas. El rostro de Jesús logró representarlo creando elaboraciones sucesivas basadas en los retratos de Jesús de joven que había pintado años antes, pero la cara de Judas no conseguía realizarla,porque además había un riesgo objetivo. En aquel entonces, el único modo de representar la realidad eran los cuadros, no había fotografías nni televisiones, ni otras imágenes. No hay más que pensar en lo que hubiera ocurrido si Judas se hubiera parecido a un hombre que vivía en aquel entonces, ¡su existencia se habría arruinado! Fue entonces cuando tal vez Leonardo decidió representarlo como en el Evangelio de Lucas, como a una mano apoyada en la mesa, una mano que empuña un puñal, símbolo de la traición. Llegados aquí nos encontramos con un apóstol de más porque los doce apóstoles serían trece, ya que Judas se habría visto representado sólo por una mano. ¿Quien es la persona que está de más en la mesa con Jesús y quien puede ser sino la madre de Jesús? Naturalmente, según la interpretación de Leonardo da Vinci, esa madre que Leonardo pintó siempre al lado de Jesús, aquella madre que dio a luz a Jesús como Inmaculada Concepción, que le acompañó durante el primer milagro de las bodas de Caná, aquella madre que le acompañó a lo largo del monte Calvario, aquella madre que se quedó debajo y, aquella madre que lo tomó entre sus brazos con piedad cristiana una vez depuesto, aquella mujer que, tal y como cuentan los libros sagrados se elevó al cielo.

¡Bien! Probablemente Leonardo puso a su lado aquella mujer, una madre que al mismo Leonardo mucho le faltó porque Leonardo, según sabemos, tuvo una relación muy difícil con su madre y le faltaba entonces una prueba definitiva. Mientras tanto qusiera recordar que Leonardo no dijo nunca de quien eran los rostros de todos los participantes a la última cena, porque todo lo que sabemos es fruto de interpretaciones sucesivas hechas por otras personas, Por consiguiente cuando decimos que aquella persona es San Mateo y esa otra es San Juan, no son deducciones o escrituras dejadas por Leonardo y, por lo tanto, todo puede mezclarse y ser objeto de discusión.Pero entonces ¡vamos aver! Leonardo pintó muchas veces a María. La pintó en muchos cuadros. Fuimos a buscar todos los rostros dibujados por Leonardo y sabemos que Leonardo era un pintor buenísimo. El hubiera sabido distinguir a dos gemelos haciéndoles reconocibles uno del otro.

Naturalmente es simplemente una hipótesis.
¡Bien! Entonces hemos visto como pintó a Maria y tuvimos suerte porque hallamos un cuadro, en el que la cara de María es la cara de la persona representada en la última cena, coinciden perfectamente.
¡Esta es una prueba objetiva! Leonardo pintó a María al lado de Jesús en uno de los momentos más difíciles de su vida, uno de esos momentos en los que, según Leonardo, un hombre con toda probabilidad no podía permanecer lejos de sus afectos más importantes y, además, tenemos que recordar que María es la Virgen, una figura importantísima en la historia de la cristianidad. En fin, tal vez esta sea la solución, esta es la mujer, este es el feminino sacro, esta es la María al lado de Jesús, no una María Magdalena cualquiera, sino... ¡María. María! La Virgen".

Nuestro viaje nos induce a pensar que a veces, al atravesar los verdaderos misterios de nuestro tiempo y de nuestra Historia recibimos emociones mucho más intensas que las que nos deparan tantos thrillers, por bien escritos que estén.

La realidad, como bien sabemos todos, supera siempre hasta la imaginación más creativa, no hay más que dar con ella.

THE DA VINCI PROJECT

Recherche
la
Vérité

Français

LE PROJECT DA VINCI
RECHERCHER LA VÉRITÉ

Pourquoi donc l'histoire de Léonard de Vinci suscite t-elle autant de curiosités? Des livres qui le concernent ont été vendus en plus de 50 millions d'exemplaires, et traduits en plus de 40 langues. Sans parler des superproductions américaines.
Serait-il possible que cet artiste italien génial connaissait des mystères en mesure d'ébranler des vérités millénaires ? Et pourquoi aurait-il dû les cacher dans un célèbre tableau comme la "Cène" ?
Comment distinguer la vérité et la fiction de cette histoire?
Nous allons entreprendre un voyagc singulier dans lequel tout ce qui sera raconté n'a rien a voir avec les romans, mais correspond à des faits historiques. Nous allons découvrir que la réalité dépasse souvent l'imagination. Et qu'à la fin de notre périple les contours d'une réalité étonnante prendront corps.

Passons d'abord en revue ce qui a été dit.
On a parlé de Paris, du Musée du Louvre et de sa pyramide. Certains soutiennent que le nombre de dalles de verre qui la compose s'élève à 666, ce qui est un renvoi évident aux chiffres diaboliques. Mais il ne s'agit là que d'une légende puisque le projet original comptait 698 panneaux, qui s'élèvent à 673 suivant les responsables actuels.

On parle d'une secte appelée "Prieuré de Sion". Une société secrète créée en 1099 simultanément à la création de l'Ordre des Templiers. Une secte qui a réellement existé, et qui aurait compté parmi ses maîtres des personnages comme Isaac Newton, Botticelli, et Léonard de Vinci. Les preuves de cette affirmation sont contenues dans un document appelé les Dossiers Secrets conservé à la Bibliothèque Nationale de Paris. Et plus exactement planche numéro 4 –Lm 1249.
Collocazione bibliografica: Numero 4 - Lm1 249.

La rédaction des Dossiers Secrets est attribuée à un homme nommé Henri Lobineau et ils furent probablement déposés à la Bibbliothèque Nationale en 1967. Les Dossiers dévoilent effectivement la liste des grands maîtres du Prieuré de Sion. On y trouve, de plus, la généalogie secrète des descendants des rois mérovingiens. L'auteur des Dossiers déclarait qu'il s'était servi pour la rédaction, d'anciens parchemins. Des parchemins dont cependant il ne reste aucune trace à la Bibliothèque Nationale. Mais qui était donc en réalité Henri Lobineau ? Un personnge qui a vraiment existé ou le pseudonyme d'un abile faussaire?

Dans les années 60 Plantard (le vrai nom de Lobineau) se proclame comme un descendant des mérovingiens , ce qui veut dire qu'il vise tout simplement le trône de France. Sa descendance est confirmée justement par les arbres généalogiques contenus dans les Dossiers Secrets. Par la suite il avoua qu'il s'agissait d'un faux. Mais on trouve des preuves encore plus amusantes à propos de la fable du Prieuré de Sion: à la préfecture de Saint Julien, une petite localité de la Savoie, on peut consulter la demande d'autorisation par laquelle Plantard et ses amis demandaient le permis pour fonder une association culturelle appelée Prieuré de Sion. Le document daté 1956, porte la signature de Plantard.

Eh bien, il semble donc qu'une société secrète et puissante, qui a compté parmi ses grands maîtres des personnalités comme Léonard de Vinci ou Newton, ait dû demander l'autorisation pour être fondée à une petite préfecture italienne en 1956. Ces arguments suffisent largement pour démontrer que la partie des Dossiers Secrets concernant le Prieuré de Sion est fausse.

ENTRETIEN AVEC LE PROF. BIZZARRI

..."A propos des parchemins, c'est plutôt simple: il s'agit d'un coup monté par la main de Philippe de Cherisey, qui est parvenu à leurrer de cette manière d'une part les auteurs de l'Enigme Sacrée et d'autre part Plantard, puisqu'il déclarait que les parchemins étaient des copies des originaux conservés dans une banque de Londres; les originaux n'ont jamais put être montrés et on a ainsi découvert le bluff".

Donc, le Prieuré de Sion actuel est une invention. Cependant, l'Ordre des Templiers veillait effectivement sur un trésor découvert sous le Temple de Salomon à Jérusalem. Un trésor qui ne contenait pas seulement de l'or et des bijoux, mais quelque chose de plus précieux: les preuves de connaissances antiques et secrètes. Pour de nombreux spécialistes il s'agit là d'un secret qu'on peut associer au Saint Graal. On a dévoilé la nature du Graal, et même l'endroit où il serait caché actuellement. C'était donc cela l'immense secret conservé par le Prieuré de Sion: la cachette du Saint Graal. Pour pouvoir vérifier une affirmation aussi éclatante, il faut passer par plusieurs étapes.
Tout ce qui concerne le sujet semble se référer à un endroit qui n'est jamais cité explicitement dans les reconstitutions romancées. Mais qui représente néanmoins la pierre angulaire sur laquelle, toutes les reconstructions ont été fondées. L'endroit en question est un petite village située près des Pyrénées. Le lieu s'appelle Rennes le Château, et son histoire nous laisse littéralement bouche bée. Un prêtre répondant au nom de Bérenger Saunière transforma la renommée du petit village de Rennes le Château entre 1885 et le début du XXème siècle.

Lorsqu'il arriva dans ce petit bourg en 1885, le nouveau curé décida de restaurer la petite église locale consacrée à Marie Madeleine. Mais durant les travaux, Saunière découvrit à l'intérieur de l'église quelque chose d'extrêmement précieux. Et à partir de là sa vie changea complètement. Les images que vous voyez sont une exclusivité. Il s'agit d'une des pages du journal intime du curé. Ce document est unique pour deux raisons: d'une part parce qu'il s'agit d'un manuscrit de Saunière en personne, et d'autre part parce que ces images qui ont été tournées en 1999 sont les dernières images concernant ce document que l'on a dérobé au petit musée de Rennes le Château où il était déposé.

Que reportait donc le texte. Comme vous pouvez le remarquer sur la page datée en surimpression Saunière a écrit qu'il avait découvert quelque chose de très important. Qu'avait-il découvert?

Ce qui est sûr c'est que ce petit curé dispose du jour au lendemain de grosses sommes d'argent, et qu'il se met à séjourner longuement à Paris, que des personnages influents, des artistes, des nobles et des rois parcourent des centaines de kilomètres pour lui rendre visite dans son petit village de Rennes le Château. Saunière lance la construction d'une villa, de jardins, d'un balcon panoramique, d'une tour bibliothèque et d'une serre destinée aux animaux exotiques. Il dépense alors une somme d'argent qui pourrait correspondre à plusieurs millions d'euros aujourd'hui. Avait-il découvert quelque chose de particulier durant les travaux ?

ENTRETIEN AVEC LE PROF. BIZZARRI

..."Rappelons avant tout que l'histoire de Rennes-le-Château commence en 1200 avant JC avec l'installation de la peuplade Urne, avec les Celtes, c'est une très longue histoire ! Il existe un réseau de passages sous-terrains, des cavernes aussi, des cavernes dans lesquelles ont a célébré des rituels, des cavernes qui en fin de compte permettent d'accéder à certains endroits pour participer à un certain genre de cérémonie, et le curé Boudet, qui était un ami et un conseiller de Saunière a écrit un livre permettant de localiser l'accès à ces passages".

Les questions que Rennes le Château soulève sont innombrables.:
Pourquoi Saunière fait-il écrire sur l'entrée de l'Eglise "Terribilis est locus iste-Ceci est un endroit terrible" ? Pourquoi Saunière passa t-il des journées entières au Louvre, devant le tableau de Poussin daté de 1640 intitulé "Les Pasteurs d'Arcadie" sur lequel le village représenté ressemble étrangement à Rennes et sur lequel un sarcophage comporte l'inscription "et in arcadia ego" ? Pourquoi Marie Denarnaud, la servante du curé répétait-elle toujours: "ici les gens marchent sur l'or, sans le savoir" ?

Pourquoi dans ce village existe t-il une loi spéciale qui interdit de creuser ne fusse que pour planter des fleurs ?

Pourquoi le bénitier de l'église de Rennes le Château est-il soutenu par un démon appelé"Asmodée", qui représente dans la mythologie juive le gardien du trésor de Salomon ?
Pourquoi sur la mosaïque représentant la Cène, située au dessus de l'autel une femme au pieds du Christ tient-elle une coupe ? Est-ce une allusion au lien entre la dernière Cène et Marie-Madeleine ? Pourquoi les initiales des statues des saints que l'on trouve dans la petite église forment-elles le mot Graal si on les réuni avec la lettre M de Marie-Madeleine ? Pourquoi les étapes du Chemin de Croix sont-elles exposées en suivant un ordre inverse? Pourquoi la lune forme t-elle l'arrière plan du tableau représentant la Déposition que l'on trouve toujours dans le Chemin de Croix ? Pourquoi Saunière ordonna t-il l'édification de la tour Magdala, dans les fondations de laquelle il fit cacher, selon le journal du maître d'œuvre, une caisse ? Vous êtes en train de voir quelques rares images tournées à l'intérieur du cimetière près de la petite église. Le cimetière, suite aux intrusions continuelles et aux vols, a dû être fermé au public.
On peut remarquer deux choses: d'abord que la tombe de Béranger Saunière n'occupe plus son emplacement originel. On la trouve aujourd'hui, comme le témoigne ces images plus récentes, derrière le mur du cimetière, à l'intérieur de la cour privée de l'église. En effet, à cause de la popularité croissante, le nombre de visiteurs a soulevé des problèmes, voire même des dégâts, comme le vol par exemple de la petite stèle en faïence de Marie Denarnaud, la servante du curé.
Comme vous pouvez le remarquer, l'emplacement est vide, et nous pouvons vous montrer la situation il y a 7 ans alors que tout était encore intact. Voilà la petite stèle qui a été dérobée. Vus du cimetière, les murs de l'église décèle une autre curiosité: une ligne de briques placée à environ trois mètres du sol, court tout le long du périmètre de l'édifice. Et selon des anciennes croyances, cela signifie qu'un roi est enterré dans ces lieux. Quel serait donc ce roi ? Aucune sépulture royale ne corrobore cette thèse. Selon certains il pourrait s'agir d'une relique importante qui ait appartenue aux Rois des Rois. Est-ce possible?

ENTRETIEN AVEC LE PROF. ROBERTO GIACOBBO

..."Rennes-le-Châteauest un endroit singulier, puisque juste à l'entrée du village un écriteau annonce la couleur : « ici, il est interdit de creuser », pourquoi ? qui a donc placé ce panneau ?
Quand on parle de Rennes- le- Château, on soulève tout un tas de questions, comme celle qui nous viennent à l'esprit lorsque l'on parcoure un légende... ou peut-être que non, une histoire qui nous parle d'une bergère qui ne doit pas avoir peur, que certains ont identifié comme Sainte Germaine,

qui est figurée justement par une statue à l'intérieur de la petite église de Rennes- le- Château. C'est une légende qui est partie d'une phrase qui nous dit: « ne tremble pas bergère parce que tes problèmes seront résolus lorsqu'à midi pommes bleues » une phrase cryptée !
Quelqu'un a essayé de la déchiffrer, et s'est aperçu, qu'à certains moments de l'année, les rayons du soleil qui pénètrent dans l'église à travers un vitrail coloré, rejoignent la paroi qui se trouve en dessous de la statue de Sainte Germaine, en créant des jeux de lumière, parmi lesquels se détachent deux sphères de couleur bleue. Certains racontent que c'est à cet endroit précis que Béranger Saunière a creusé pour trouver le trésor dont on parle tant".

Le moment est venu de comprendre ce que représente le Graal selon des hypothèses qui ont été faites récemment. Eh bien, selon certains, le Saint Graal ne serait pas une chose... mais une personne.

Et cette personne serait en réalité Marie Madeleine qui représenterait de façon imagée le "calice" du sang de Jésus, et la source de sa descendance... La femme avec laquelle Jésus aurait eu des enfants et aurait engendré un lignage de Sang Royal. Une hypothèse choquante pour un roman récent, mais qui apparaît cependant pour la première fois dans le livre intitulé "l'Enigme Sacrée Graal" écrit par Michael Baigent, Richard Leigh, et Henry Lincoln, en 1982.

ENTRETIEN AVEC LE PROF. MICHAEL BAIGENT
..."A mon avis le noyau de cette histoire est la continuité de la transmission du lignage royal, symbolisée par la légende du Saint Graal, une légende qui provient de la tradition du Moyen-Orient et qui est intimement liée à la tradition du lignage de David. Il est intéressant d'observer l'arbre généalogique et la convergence, pendant deux siècles au sud de la France, entre la branche de David et la généalogie dont on parle. Tout le reste passe en second plan, donc d'après moi, il s'agit davantage d'un secret que d'un trésor...!"

Est-il possible que Saunière ait découvert à Rennes le Château des documents qui puissent corroborer une telle hérésie? Essayons de comprendre un peu mieux la situation. Marie Madeleine est souvent représentée comme la pêcheresse qui essuya de sa chevelure les pieds de Jésus. Rien de plus faux puisque la juxtaposition entre Marie Madeleine et la prostituée rachetée remonte à 591 AD lorsque, dans un de ses sermons, le pape Grégoire Ier le Grand, identifia la prostituée cité par Luc avec Marie Madeleine. Une identification qui n'est soutenue par aucun élément tiré des Evangiles, à tel point, qu'en 1969, le Vatican reconnu formellement l'erreur commise par Grégoire le Grand.

Dans le Nouveau Testament, Marie Madeleine n'est citée que douze fois. Elle apparaît rarement mais néanmoins de façon significative. C'est la seule femme citée par les Evangiles qui est identifiée par une localité (la ville de Magdala) et non pas dans le rôle d'épouse, de sœur ou de mère. Elle a les traits d' une femme indépendante, même du point de vue financier. Mais surtout, elle est aux côtés du Christ à chaque instant fondamental de sa vie. Elle assiste à la Crucifixion et à la mort de Jésus, et elle se trouve au sépulcre lorsqu'elle découvre qu'il est ressuscité. C'est à elle que Jésus ressuscité apparaît pour la première fois, et c'est encore elle qui annoncera cet évènement incroyable à des apôtres incrédules .

On cite souvent plusieurs documents inattaquables qui prouvent la relation conjugale entre Marie Madeleine et Jésus. Et en particulier un passage de l'Evangile apocryphe de Philippe que certains traduisent de la sorte…

“Et la compagne du Sauveur est Marie Madeleine. Le Christ l'aimait plus que tout autre disciple et il avait coutume de l'embrasser souvent sur la bouche”.

ENTRETIEN AVEC LE PROF. MARIO MOIRAGHI

..."Le morceau de texte que l'on a est insuffisant, parce que le passage qui reporte la phrase en question, ne parle pas clairement de tout ça, et surtout pas sur la bouche. Le mot n'est pas clair du tout, on parle de baiser et à partir des lettres qui nous sont parvenues, on a déduit qu'il aurait pu s'agir de la bouche, et donc il faudrait tout d'abord analyser la réalité du texte. Mais je crois...que l'on peut aller plus loin. Même si l'on admet que l'on cite un baiser sur la bouche, il faut imaginer que nous devons replacer un tel acte à une certaine date, dans une certaine culture, qui n'est pas la nôtre, et donc le baiser revêt un aspect différent. Dans certaines cultures le baiser sur la bouche représentait la recherche d'une communication spirituelle, que l'on pratiquait sans lever aucun scandale".

Certains soutiennent que parmi les Evangiles que l'église essaya de supprimer certains laissèrent des traces comme les manuscrits de la Mer Morte qui furent découverts dans une caverne pas loin de Qumran. La quasi totalité des fragments ont été publiés ou ont pu être étudiés par le spécialistes. Que rapportent donc les manuscrits ? Suivant le catalogage officiel, les parchemins peuvent être subdivisés en trois grandes catégories.

Premiere catégorie: les textes bibliques.
A Qumran on a trouvé au moins 100 exemplaires de la Bible. On a retrouvé presque tous les livres de l'Ancien Testament, il ne manque que le livre de Esther.

Deuxième Catégorie: les textes apocryphes.
Des versions de l'Ancien Testament qui ne font pas partie de la Bible d'aujourd'hui.

Troisième catégorie: les textes communautaires.

Les règles et les rites d'une communauté, des commentaires de la bible, mais aussi d'inquiétants Textes Apocalyptiques annonçant la Fin du Monde. Par contre on a retrouvé également un document qui n'a rien à voir avec les textes puisqu'il s'agit d'une sorte de "Carte au Trésor" qui indiquerait l'endroit où sont cachées les reliques du Temple de Salomon. Sur le parchemin 3q15, 64 localités indiquent 64 trésors. Mais les noms mentionnés sur la carte n'existent plus aujourd'hui, et à l'heure actuelle personne n'est en mesure de s'orienter sur le document.

ENTRETIEN AVEC LE PROF. MARIO MOIRAGHI
..."Le rapport qui existait entre Jésus et Marie-Madeleine, comme le rapporte la patrologie latine et tous les textes des premiers pères de l'Eglise, est sûrement un rapport intense. C'est à elle que Jésus s'adresse, et c'est à elle aussi qu'il révèle en premier sa résurrection, et donc l'Eglise a souvent repris par la suite cette image et l'a considérée de façon allégorique comme l'épouse du Christ, parce qu'elle a reçu, disons, la fécondation du message Chrétien; mais il n'y a aucun texte, pas même de la part de l'anti-christianisme plus exacerbé, qui ait jamais, soulevé le moindre doute à propos d'un mariage entre Jésus et Marie Madeleine".

Donc, après les Dossiers secrets pour le Prieuré de Sion, les évangiles apocryphes imaginés à Qumran relèvent du faux historique. Mais dans chacun des deux cas, on a découvert néanmoins des mystères intéressants et inexpliqués. On arrive au même résultat en cherchant à découvrir le Graal en suivant les théories les plus récentes. Tout semble en effet aboutir en Ecosse, près d'Edimbourg, dans la petite chapelle de Rosslyn. Il suffit de pénétrer dans la chapelle pour comprendre pourquoi.

La Chapelle de Rosslyn fut érigée en quatre années à peine entre 1446 et 1450 par un personnage clé dans cette histoire: le comte William de Saint-Clair. Sir William était un noble lié à l'ésotérisme et à la Franc-Maçonnerie où il recouvrait semble t-il un rôle de premier ordre. Mais ce n'est pas tout : un comte de saint Clair participa à la première croisade, lorsque l'ordre des Templiers a été fondé. En 1101 Catherine de Saint Clair épousa le fondateur de l'Ordre du Temple et par la suite de nombreux autres membres Saint Clair furent des Templiers. Ce n'est sans doute pas par hasard si le mot Rosslyn, en ancien gaélique signifie: Ancienne connaissance passant de génération en génération.

Les gravures qui apparaissent sur ces colonnes sont surprenantes: elles représentent des plantes de Aloès et de Mais. Il est curieux que ces plantes soient utilisées pour la décoration d'une chapelle de famille, mais surtout il est encore plus curieux de découvrir, que lorsque ces plantes furent sculptées dans la pierre en 1446, elles n'existaient pas encore en Europe! Elles témoignent peut-être du voyage que les chevaliers du Temple durent accomplir en passant par l'Ecosse pour rejoindre l'Amérique avant Christophe Colomb, fuyant le Pape et le roi de France? Mais quel trésor cachaient-ils durant cette fuite précipitée?
Dans la Bible, on rapporte qu'en temps de guerre le mont Moriah servait à cacher les trésors et les documents importants. La Mishna hébraïque qui constitue la base du Talmud nous dit que la "Tente du Rendez-vous " était gardée dans les "cryptes du temple" accompagnées par tous les tableaux en bois, les supports, les linteaux, les piliers et les anneaux. Et ce n'est pas tout, puisque suivant la tradition juive, des reliques légendaires telles l'Arche d'Alliance, l'Autel de l'encens, le Bâton de Aaron, l'urne de la Manne et les Tables de la Loi auraient été cachés dans un lieu secret situé sur le côté Ouest du Temple, près du Sancta Sanctorum.

Le mystère le plus controversé de Rosslyn Chapel concerne l'"Apprentice Pillar", le pilier de l'apprenti. L'histoire de sa réalisation renoue avec le Temple de Salomon, puisqu'il correspond exactement à la légende maçonnique de Hiram Abiff, l'Architecte du temple de Salomon, qui tua l'apprenti parce qu'il avait dépassé son maître. D'autre part sur le pilier on remarque une représentation raffinée de l'Arbre de la Vie, contaminé cependant par des éléments païens comme les dragons. Leur gueule crache des vignes grimpantes qui se développent en spirale sur toute sa hauteur. Des experts y voient un rapport à la mythologie Nord-germanique, suivant laquelle un dragon attaque les racines de l'Yggdrasil, l'Arbre cosmique qui soutient l'Univers. En s'appuyant sur les interprétations de ces symboles, des chercheurs ont suggéré que ce pilier pouvait renfermer un coffret en plomb dans lequel serait caché le Saint Graal, le calice que Jésus porta à ses lèvres lors de la Cène, et qui fut ensuite utilisé pour recueillir son sang. Mais les métaphores ne sont pas terminées. Toute la chapelle foisonne d'éléments se référant à des symboles, des cultures et des religions qui n'ont rien à voir avec le christianisme. Le plafond par exemple est décoré de lis, d'étoiles et de roses. Les lis étaient aussi sculptés paraît-il sur les colonnes de Boaz et Jachin dans l'ancien Temple de Jérusalem. Tandis que les roses et les Etoiles représentent la décoration typique des temples babyloniens voués à Ishtar et à son fils ressuscité Tammuz.
Grâce à une reconstitution graphique nous pouvons observer l'incroyable ressemblance entre Rosslyn Chapel et le Temple du Roi Salomon. Bref, tout semble souligner la même métaphore: renaître en une vie Nouvelle.

Comme si l'Ordre du Temple, dissout officiellement en 1314, avait voulu transmettre, 150 ans plus tard, le message qu'il existait toujours, et qu'il poursuivait son rôle de gardien du Trésor.
Il est évident qu'avec de telles allusions aux cultes babyloniens, égyptiens, celtiques, scandinaves, ou à la mystique hébraïque et chrétienne, on a du mal à croire que Rosslyn est une simple chapelle de famille. Quelqu'un pense que le saint Graal est caché ici.
Pour d'autres encore, le Saint Graal serait représenté par le corps de Marie Madeleine, l'épouse du Christ, enterrée à Paris. Trouver son corps signifierait connaître sa tombe, qui se trouverait ici au musée du Louvre, point de départ de notre enquête. En effet certains ne savent pas qu'il existe près de l'accès au Louvre dans une salle sous le sol une pyramide inversée. Et juste en dessous de celle-ci, François Mitterrand- qui selon des rumeurs jamais vérifiées fréquentait des cercles occultes mystérieux- aurait fait construire en secret une tombe où serait déposé le corps de Marie-Madeleine.

Il est temps maintenant de parler de Léonard de Vinci, qui a inspiré cette évocation. Un saut dans le XVème siècle nous aidera dans cette tache.

"Fuyez le siège de la calomnie,
Fuyez les sectes hypocrites,
Les dards, langues de l'envie et des pensées funestes,
Le siège de la calomnie et de l'ingratitude,
La rouille de l'ignorance,
L'Orgueil démesuré des présomptueux,
Ceux qui nient la raison des choses,
Les Caprices de la mode, les enchanteurs et les chercheurs d'or,
Les démonstrations mensongères".

Vinci n'est qu'un petit village qui abrite néanmoins trois musées consacrés au génie de Léonard. Une grue, une machine volante, un hélicoptère, une mitrailleuse, un char, des machines à tisser: les dessins, les esquisses et les expériences réalisés par Léonard nous montrent un univers absolument extraordinaire pour l'époque. Léonard de Vinci était un initiateur qui a anticipé une époque.

ENTRETIEN AVEC LE DOCT. ALESSANDRO VEZZOSI

..."Pour Léonard, la peinture représente une synthèse extraordinaire d'éléments différents, ce qui le pousse bien sûr à se rapprocher de la nature, étant donné qu'il considère que le peintre est un être universel dont la créativité doit décalquer la nature, et s'approcher ainsi au caractère divin des choses. Evidemment lorsque l'on regarde un tableau de Léonard, nous devons imaginer...et ce n'est pas une contradiction, un espèce de tableau fourre-tout, un tableau qui représente la synthèse des éléments les plus disparates.

Pour lui la peinture est synonyme de philosophie, de science, c'est une expression de l'esprit, et sur chaque tableau, comme sur toutes les pages de ses manuscrits, on rencontre une infinité de références."

Certains supposent que toutes ces intuitions géniales proviennent de connaissances secrètes. Et il y en aurait même des preuves que l'on doit rechercher dans les messages cryptés que Léonard aurait dissimulé dans ses tableaux. En ce qui concerne notre enquête, les indications les plus importantes seraient cachées dans la fresque de la Cène, parce que dans cette peinture justement, on trouve quelque chose qui se rapporte au Saint Graal.

Nous sommes à Milan, et plus exactement dans le réfectoire de Santa Maria delle Grazie, devant le chef-d'œuvre de Léonard. Une œuvre qui a été considérée par des générations entières de Milanais, et par d'autres encore, comme la plus belle des peintures de Léonard. Ce couvent a subit deux fois les bombardements, et la Cène , miraculeusement, n'a pas été touchée. Les murs rasés au sol, des amas de pierres partout. Les corps des moines du cimetière exposés puis enterrés rapidement avec des débris, des ruines et des livres antiques. Pendant des années la Cène demeurera dans cet état, exposé aux intempéries, jusqu'au jour où le génie civil de Piacenza ne le protégea d'une bâche de fortune. Que cette fresque ait survécu jusqu'à nos jours, pourrait être considéré presque comme un miracle…
En tout cas, même s'il ne s'agit pas d'un miracle, l'œuvre que Léonard nous a laissé sur cette paroi est absolument étonnante: l'artiste toscan a saisi le moment où Jésus vient d'annoncer aux apôtres que l'un d'entre eux le trahira. Les douze s'interrogent l'un l'autre, juste après les mots inquiétants prononcés par leur Seigneur. Qui est le traître ? Qui sait ce que les autres ignorent ?

Dans l'Evangile de Luc, on peut lire:
"Cependant la main de celui qui me trahit est avec moi à table".

Certains soutiennent que cette fresque renferme la preuve du mariage de Jésus et de Marie Madeleine. La figure qui se trouve à la droite du Seigneur et qui a été considérée jusqu'à présent comme Jean serait Marie Madeleine, placée près du Christ, pratiquement comme s'il s'agissait d' un banquet de noces. Et ce n'est pas tout, le vide entre Jésus et cette figure forme un V, le symbole du Féminin sacré, de même que les figures dessinent un M se détachant de l'arrière plan, une initiale qui se rapporte bien sûr à Marie Madeleine. Il s'agit évidemment d'une interprétation. Mais un détail du tableau ne tourne pas rond. Il semble qu'une main serrant un couteau n'appartienne à aucune des figures de l'œuvre.

Et si Léonard avait pris à la lettre l'Evangile de Luc, qui cite justement une main comme le symbole de la trahison et du danger caché? La main pourrait-elle être la seule partie de Juda que l'on aperçoit?
A ce point les invités seraient quatorze, et non plus treize: il y aurait donc la place pour une autre personne. Peut-être Marie-Madeleine?

ENTRETIEN AVEC LE PROF. ROBERTO GIACOBBO

..."Non ! le visage de Marie Madeleine ne peut pas être celui qui apparaît dans Cène. Je viens de terminer récemment une recherche qui a été publiée dans laquelle j'explique ce qui s'est passé. Mais tout d'abord, il faut se replacer dans le contexte dans lequel se trouve Léonard lorsqu'il entreprend la réalisation de cette fresque. L'œuvre avait été commandée par le responsable du monastère de Santa Maria delle Grazie, un père prieur, avec lequel Léonard a eu des démêlés puisqu'il l'accusait de ne pas avoir terminé le tableau dans les temps, et suivant ce que nous rapporte Vasari, Léonard répondit un jour sèchement au prieur: « si vous n'arrêtez pas, je dessinerai votre visage à la place de celui de Juda ». Pourquoi ? eh bien parce que Léonard s'est retrouvé plus d'une fois assis devant le tableau, les mains dans les cheveux, absorbé dans ses pensées à la recherche d'une solution ; en effet il ne savait pas comment représenter le visage de Jésus et celui de Juda. Par la suite, en partant des visages de Jésus qu'il avait peint des années auparavant, il parvint à représenter le visage de Jésus, mais il ne parvenait pas à représenter celui de Juda, parce qu'il y avait un danger, un danger réel. A l'époque les tableaux étaient la seule façon de représenter la réalité, il n'y avait pas de photos, pas de télé, et pas d'autres images. Imaginer seulement un instant si le visage de Juda avait eu les traits d'un individu de l'époque, sa vie aurait été totalement bouleversée! Alors à ce moment là, Léonard décida qu'il fallait mieux le représenter comme il apparaissait dans l'Evangile de Luc, avec une main sur la table et l'autre tenant un poignard, le symbole de la trahison. Arrivé à ce point, on trouve un apôtre en plus parce que les douze deviendraient treize, vu que Juda n'a été représenté que par une main.
Qui peut bien être la personne en plus à la table du Christ si ce n'est la mère de Jésus ? Naturellement selon l'interprétation de Léonard de Vinci, c'est la mère que le peintre a toujours représenté aux côtés de Jésus, c'est l'Immaculée Conception qui a mis au monde le Christ, qui l'a accompagné au cours du premier miracle des Noces de Cana, c'est la mère qui l'a accompagné durant la montée au Calvaire, celle qui est restée pleurer sous la croix, c'est cette mère qui la pris dans ses bras avec une piété Chrétienne lors de la déposition, c'est cette femme qui est montée aux cieux comme le rapportent les écritures. Bien ! Léonard de Vinci a placé aux cotés du Christ exactement cette femme, une mère que Léonard a peu connu, parce que comme nous le savons Léonard a eu un rapport très difficile avec sa mère, et il manquait donc une preuve définitive.

D'autre part il ne faut pas oublier que Léonard n'a jamais dit qui étaient les personnages représentés dans son tableau, parce que tout ce que nous savons provient d'interprétations que d'autres personnes ont fait par la suite. Donc lorsque l'on affirme qu'un tel est Saint Mathieu, que l'autre est Saint Jean, il ne s'agit pas de déductions ou d'écrits que Léonard a légué à la postérité, et par conséquent tout peut être remis en question.
Bon ! Léonard a peint de nombreuses fois Marie, il l'a représentée sur de nombreux tableaux, nous avons recherché tous les visages dessinés par Léonard et nous savons que Léonard peignait de façon remarquable. Il aurait été capable de peindre des jumeaux en les distinguant l'un de l'autre, bien sûr il s'agit là d'un discours au conditionnel.
Eh bien nous avons observé la façon dont il peint Marie, et nous avons eu également de la chance parce que l'on a découvert un tableau sur lequel le visage de Marie, et celui de la personne à la droite de Jésus dans la Cène, coïncident parfaitement.
Cela est une preuve irréfutable ! Léonard a peint Marie à côté de Jésus, durant l'un des moments les plus difficiles de sa vie, un des moments durant lesquels, selon Léonard, un homme ne pouvait probablement resté trop éloigné de ce qu'il aimait le plus, et puis il ne faut pas oublier que Marie est la Vierge, qui est une figure extrêmement importante dans l'histoire de la chrétienté. En résumé, je crois qu'il s'agit là de la solution, c'est la Femme, c'est le Féminin Sacré, c'est Marie à côté de Jésus, et non pas une quelconque Marie-Madeleine, mais... Marie. La Vierge Marie!"

Notre enquête nous pousse à penser que la lecture des véritables mystères de notre époque et de notre Histoire est souvent beaucoup plus étonnante que bon nombre de romans policiers, même s'ils sont bien écrits.

Comme chacun le sait, la réalité dépasse souvent l'imagination la plus fantaisiste, il suffit de la découvrir.

THE DA VINCI PROJECT

Appendix Iconographica

The glass pyramid in the Louvre Museum in Paris

The symbol of the Sion Prieur

ETFACTUMESTEUMIN
SABBATOSECUNDOPRIMO A
BIREPERSCCETESDISCIPULIAUTEMILLIRISCOE
PERUNTUELLERESPICASETFRICANTESMANIBUS + MANDU
CABANTQUIDAMAUTEMDEFARISAEISDI
CEBANTEIECCEQUIAFACIUNTDISCIPULITUISAB
BATIS + QUODNONLICETRESPONDENSAUTEMINS
SETXTSADEOSNUMQUAMHOC
LEGISTISQUODFECITDAUIDQUANDO
ESURUTIPSEETQUICUMEOERAT + INTROIBITINDOMUM
DEIETPANESPROPOSITIONIS REDIS
MANDUCAUITETDEDITETQUI BLES
CUMERANTUXUO QUIBUSNO
NLICEBATMANDUCARESINON SOLIS SACERDOTIBUS

PS

Page from the secret dossiers of the Sion Prieur

JESVSCVRGOANTCCESEXDIPESPASCSHAEVENJTTBETHQANTAMVRAT
TVERAOTIAZA.VVSMORTVVVSQVEMMSVSCTYTAVITIYESVSFEACERVNT
.IAVIEM.TTCAENAPMTBIETOMARTHAHMINISTRRABATLBAZARVSO
VEROVNXVSERATTE.DTSCOVMLENTDTLVSCVJMMARTALERGOACBCEP
TTLKTBRAMVNNGENTTJNARDTPFTSTTCIQPRETTOVSTETVNEXTTPE
DPESIERVAETEXTEJRSTTCAYPIIRTSNSVISPEPDESERTPTETDOMBESTM
PLFITAESTEEXVNGETNTTODAEREDIXALTERGOVRNVMEXDGTSCTPVHL
TJETVTXTVDDXISCARJORTISQVIYERATCVHMTRADTTTVRVSQTVARENOCCVN
HENVTVMNONXVENVITGRECCENPATSDENAARVSETDAATVMESGTE
GENTES?DIXTNVTEMHOECNONQVSTADEEGAENTSPERRTINEBEAT
ADCVTMSEDQVMOFVRELRTETLOVCVIOSHCAHENSECAQVAEMVTTIEBA
NMTVRPOTRABETEDTXTTEJRGOIESHVSSTNEPILLAMVNITXDIEBMS
EPVLGTVRAEMSEAESERVNETILLQVDPAVPSERESENHTMSEMPGERHA
BEMTTSNOBLTISCVMEMEAVTETMNONSESMPERHAVBETISCJOGNO
VILTEROTZVRBAMVQLTAEXTMVDACTSTQVTATLOLTCESTXETVENE
ARVNTNONNPROTEPRTESVMETANTVMMSEDVTLVZARVMPVTDER
EH.TQVEMRSVSCTAOVITAMORRTVTSCPOGTTAVKERVNTAHVTEMP
RVTNCTPEJSSACERCDOTVMVMTETLAZCARVMTNATERFTCTIRENTQ
LVTAMVLVTTPROPQTERTLHXVMAHTHGNTEXVGTAAETSNETERED
DEBANTTNTNIESVM

NO IS

JÉSV. MEDÈLA. VVLNÉRVM + SPES. VNA. PŒNITENTIVM.
PER. MAGDALÀNÆ. LACRYMAS + PECCATA. NOSTRA. DILVAS.

Page from the secret dossiers of the Sion Prieur

Rennes le Château

The Magdala Tower in Rennes le Château

The Holy Graal from an ancient xilography

The seal of the Templar Knights

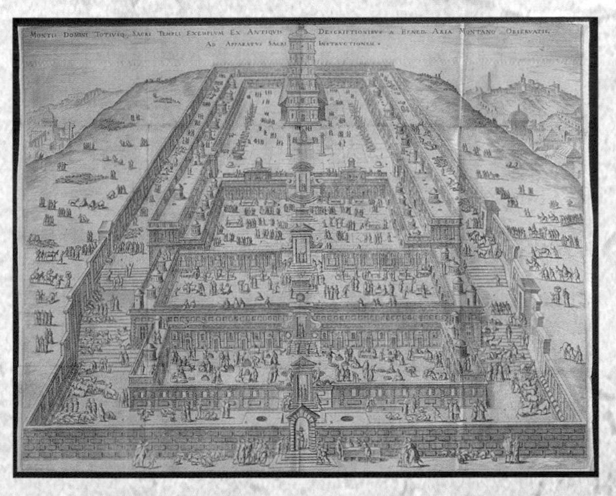

The Temple of Salomon in ancient Jerusalem

Ego Miles de Ordine Templi, promitto Domino meo Jesu Christo, & Vicario ejus Romano Pontifici & ejus successoribus legitime intrantibus, perpetuam obedientiam, & fidem servandam in perpetuum, Juroque me verbis, armis, viribus & vita defensorum Mysteria fidei, Sacramenta septem, 14. fidei Articulos, Symbolum fidei tam Apostolorum, quam S. Athanasii, libro tam veteris, quam novi Testamenti, cum expositionibus SS. Patrum ab Ecclesia receptis, unitatem Deitatis, ac pluralitatem Personarum in individua Trinitate; perpetuam Virginitatem ante partum, in partu, & post partum Virginis Mariae Filiae Iachim, & Annae ex tribu Juda, ex stirpe David Regis: deinde promitto submissionem Generali Magistro Ordinis, & obedientiam secundum statuta S.P.N. Bernardi. Ad bella marina proficiscar, quoties opus fuerit; contra Reges, & Principes infideles praestabo omne subsidium; absque armis, & equo numquam ero, a tribus inimicorum (si infideles fuerint) licet solus sim, non fugiam: Bona Ordinis non vendam, nec alienabo, nec consentiam alienari, nec vendi ab aliquo: Castitatem perpetuam servabo: civitates, & munitiones Ordinis non tradam suis inimicis. Religiosis personis, verbis, armis, & bonis operibus auxilium non denegabo, praecipue Monachis Cisterciensibus, & eorum Abbatibus, tanquam fratribus, & sociis nostris.

In cujius testimonium, sponte mea juro me ista omnia servaturum, Sic me Deus adjuvet, & ista Sancta Evangelia.

The oath of the Templar Knights

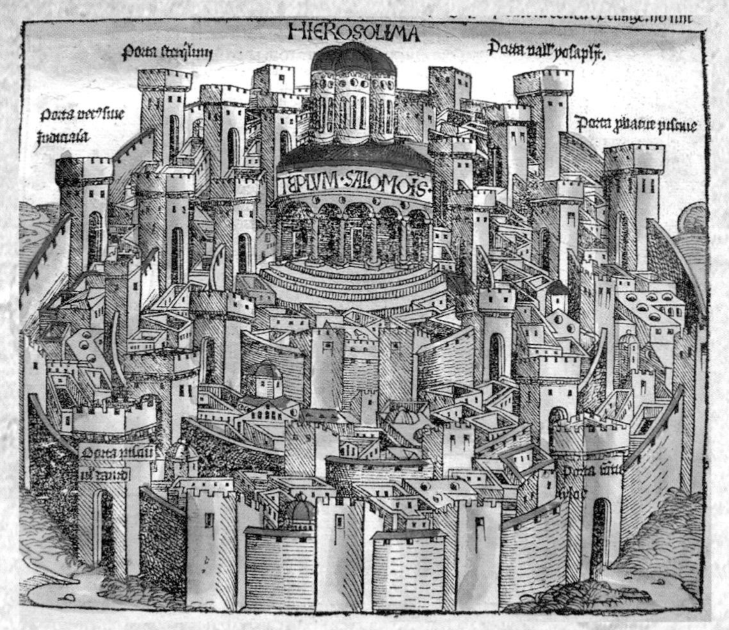

The city of Jerusalem from an ancient map

The city of Jerusalem today

A cave in Qumran

Fragments from Qumran's manuscripts

The Rosslyn Chapel

The Rosslyn Chapel

Leonardo Da Vinci

The "Kryptex" by Leonardo

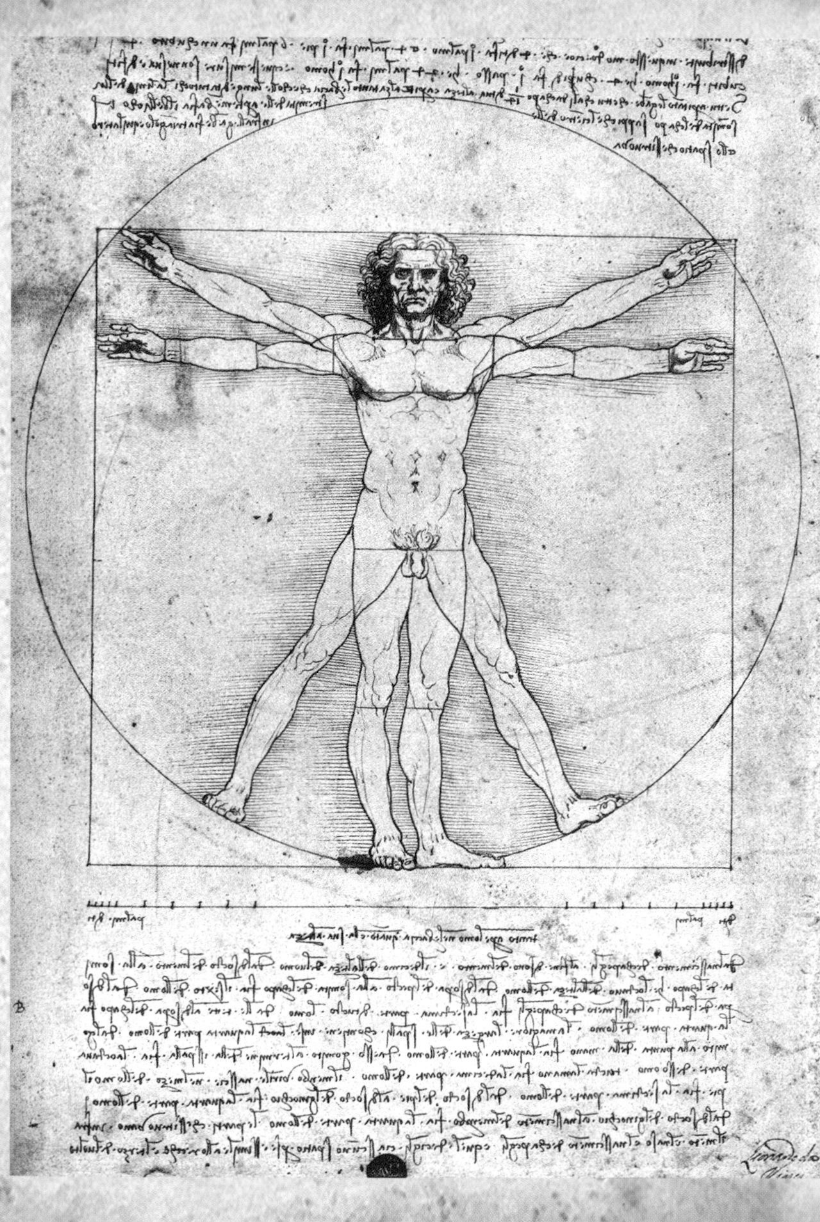

Leonardo's "Adoration of the Magis"

"La Gioconda" (Mona Lisa)

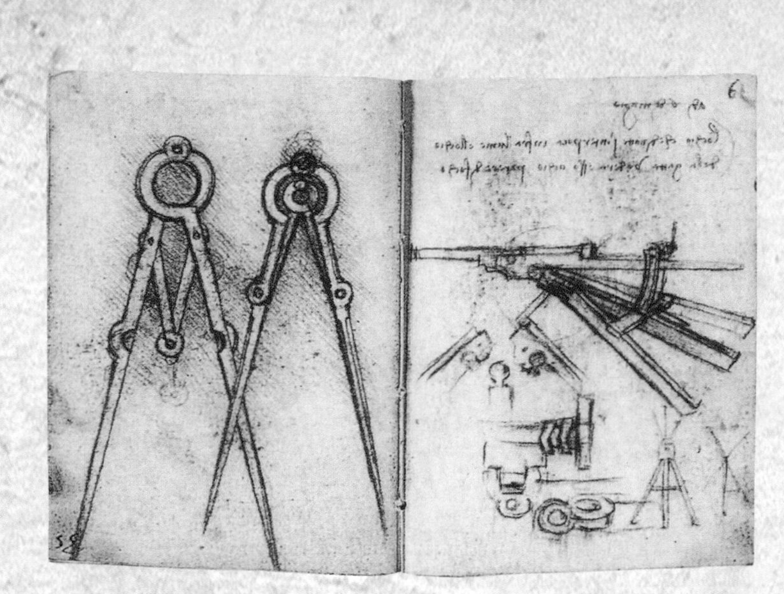

Sketch drawings by Leonardo for his many scientific inventions

Original binding of Leonardo's Forster Codex II

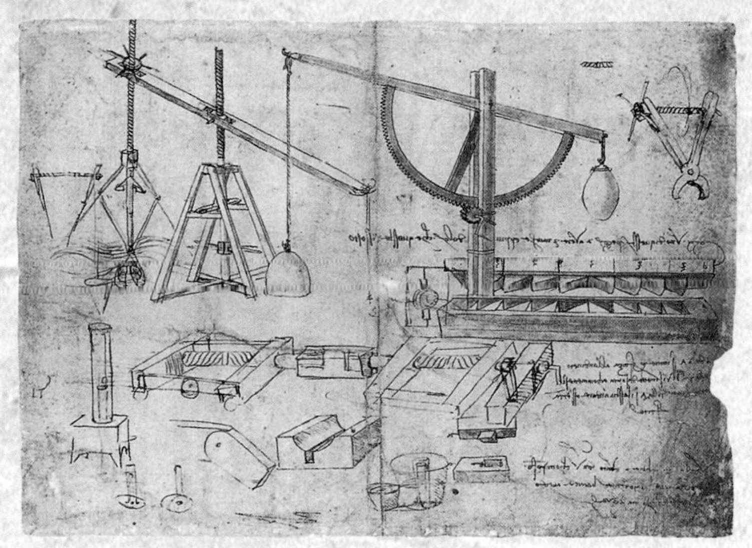

Sketch drawings by Leonardo for his many scientific inventions

Original bindings of Leonardo's manuscripts

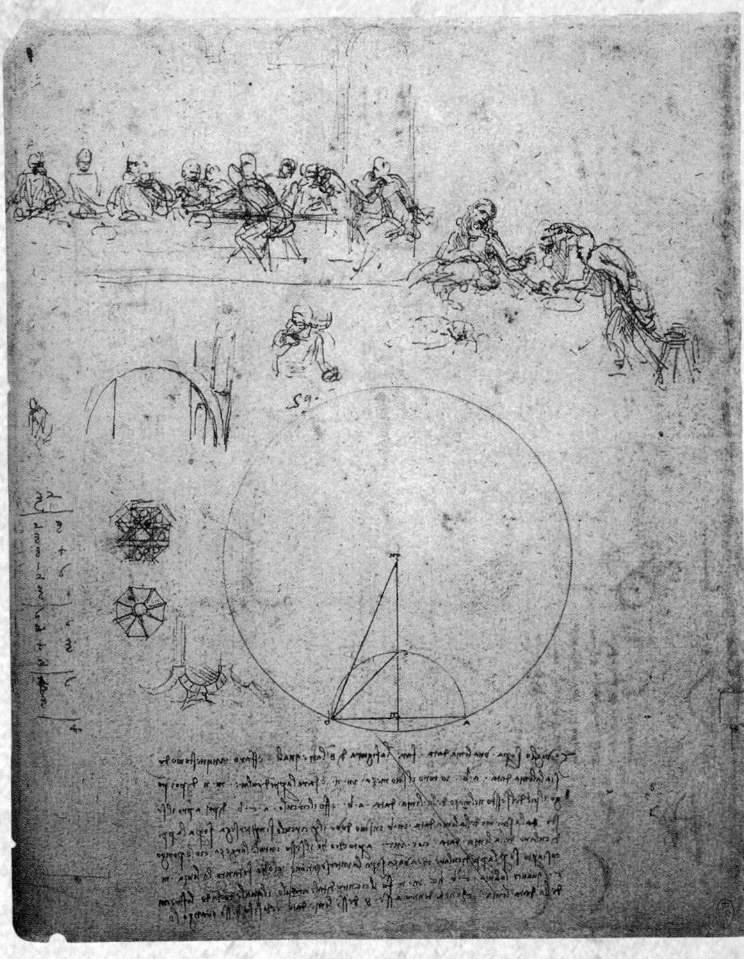

Sketch drawings by Leonardo for the "Last Supper"

The "Last Supper" in "Santa Maria delle Grazie", Milan.

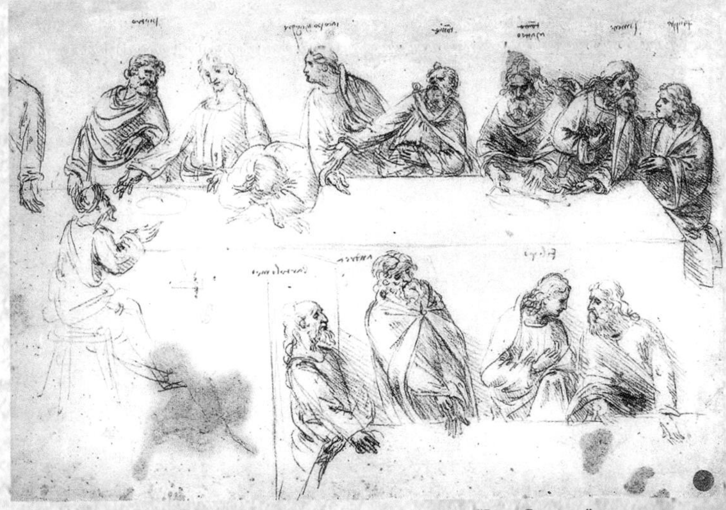

Sketch drawings by Leonardo for the "Last Supper"

The portrait of Jesus from the "Last Supper"

The "Virgin of the rocks"

The "supposed" Magdalene from the "Last Supper"

DVD Soundtrack

1 - **PATRICK KENNETH - Sublimatio**
(Rick Deckard) Ever Publishing/Licensed by Spike Prod.

2 - **NICOLA PIOVANI - Good Morning Babylonia**
(Nicola Piovani) Emergency Music Italy srl/Licensed by Emergency Music

3 - **PINO DONAGGIO - I Segreti del parlatorio**
(Pino Donaggio) Emergency Music Italy srl/Licensed by Emergency Music

4 - **FRANCIS KUIPERS - Women at sea**
(Francis Kuipers) Emergency Music Italy srl/Licensed by Emergency Music

5 - **FRANCIS KUIPERS - This is my blood**
(Francis Kuipers) Emergency Music Italy srl/Licensed by Emergency Music

6 - **NICOLA PIOVANI - Il carrilion di Aurelia**
(Nicola Piovani) Emergency Music Italy srl/Licensed by Emergency Music

7 - **PATRICK KENNETH - The Holy Graal**
(Rick Deckard) Ever Publishing/Licensed by Spike Prod.

8 - **PATRICK KENNETH - Secret Sight**
(Rick Deckard) Ever Publishing/Licensed by Spike Prod.

9 - **ORNELLA D'URBANO - The Book of Thel**
(Ornella D'Urbano) Spyro Publishing/Licensed by Spike Prod.

10 - **PATRICK KENNETH - Mind**
(Rick Deckard) Ever Publishing/Licensed by Spike Prod.

DVD authoring by Michele Politi of TECNOMOVIE

Translations and dubbing by ADC Group, Milano

ADDICA IL NON VERO

AQVA
FRIGIDVM
TERRA